成功したいなら誰かの「推し」になれ

自分の最高値をたたき出すナンバー1ホスト思考

光文社

「推される男」越前リョーマは、
ナンバー1の名に恥じない
自分でいなきゃいけない。

いう自信と、達成
よさ。それに背中
上に行きたくなる。

やればできた、って
したときの気持ち
を押されて、もっと

僕にとって大切なのは、とにかく「今」。
過去は変えられないし、未来は予測できない。
だから「今」に集中したい。

どんな状況でも必ず、「今の自分にできること」がある。

はじめに

はじめまして、越前《えちぜん》リョーマです。

テニス漫画の主人公を想像する人も多いと思うけれど、僕は歌舞伎町《かぶきちょう》のホストです。残念ながらテニスはしたことがなくて、得意なスポーツはサッカーです。

ホストとしての最初の名前は「リョーマ」。でも、坂本龍馬《さかもとりょうま》のイメージは、自分のイメージとちょっと違うと思ったので、何か「坂本」以外の名字をつけようと思って改名しました。漫画と同じ「越前リョーマ」としたのは、覚えてもらいやすいかな？という単純な理由からです。

僕がホストを始めたのは、大学生の頃です。最初は、「ちょっとしたバイト」ぐらいのつもりでした。

でも、歌舞伎町の店で同期と競い合ううちに負けず嫌いな気持ちに火がついて……。いつの間にか、トップを目指して本気で頑張るようになっていました。

今の僕は、年間売上と指名本数で8年連続ナンバー1。売上と指名本数の最高記録も持っています。

なぜ、こんな成績が出せるのか？　成功の秘訣は何か？

答えはシンプル。誰よりも努力することです。

トップを目指して頑張り続けていれば、努力する姿を見てくれている人が必ずいます。

自分を「推してくれる」人が必ず出てきます。

「推してくれる」人がいると、努力をサボれなくなるし、「推してくれる」人に何かを返したいという気持ちが自分のモチベーションにもつながります。

つまり、自分が誰かの「推し」になることで、努力をやめずに自分だけではかなえられなかった場所まで行くことができると思うんです。そう、トップにしか見えない光景が広がる世界まで。

僕はまずはトップを目指して頑張った。そしてトップになってみたら、「今よりももう一段階上の自分」を目指したくなることに気づきました。だから僕は、これからもずっと頑張り続けると思います。

トップを目指す人、仕事で結果を出したい人、負けず嫌いな人……それから、女の子にモテたい人。そんな人に、この本を読んでほしいと思っています。

「1番」になりたい。誰にも負けたくない。

そんな気持ちに突き動かされてきた僕のやり方・考え方が、何かのヒントになったり、頑張るモチベーションにつながったりすることがあれば、こんなにうれしいことはありません。

Contents

第2章

誰だって、自分の価値を上げることができるはず。 59

第3章 「お金を払ってでも会いたい人」になれ。

第4章

「推される男」はこんなときどうする？

撮影 山城昌俊
装丁 坂川朱音
本文デザイン 坂川朱音＋田中斐子（朱猫堂）
編集協力 野口久美子
企画協力 神棒英成

第1章

素直に努力する以外に、頂点を極める道はない。

戦隊ヒーローなら、赤が好き。主役にしか興味はない。1番じゃなきゃ、意味がない。

子どもに人気の、「戦隊ヒーローもの」のドラマ。僕も大好きでした。でも正直に言うと、僕が見ていたのは「赤いヒーロー」だけ。一緒に闘う緑や黄色の仲間には、全然興味がありませんでした。

当時の設定では、戦隊のリーダーのコスチュームは、必ず赤。僕は、1番かっこよく活躍する主役しか好きにならなかったんです。

勉強だって同じ。「世界で1番高い山は?」という質問には「エベレスト!」と答えられるけれど、2番目に高い山の名前はわからない。わからないというより、覚えたいと思えなかった。2番目以降なんてどうでもいいじゃないか、と思ったから。

僕は子どもの頃から、ものごとを順位づけするとき、「1番、2番、3番……」じゃなくて、1番しか目に入っていなかったような気がします。

この感覚は、大人になってからもあまり変わりません。そしてもうひとつ、変わらないこと。僕は今でも「主役の色」である赤が好きです。

1番だけが気持ちいい

小学1年生のとき、学校のマラソン大会で6位になりました。この結果を、喜ぶ人もいると思います。でも、僕は全然うれしくなかったし、頑張った自分をほめる気にもなれなかった。

僕にとっての「6位」の意味は、シンプルに「1位になれなかった」ということ。

当然のように1位を目指していたから、負けたことがものすごくくやしかったんです。

だから、翌年は頑張って1位になりました。先頭でゴールインしたときは最高に気持ちよかった。

サッカーや野球で勝ったことはあったけれど、「自分ひとりの力で勝った」と感じたのは生まれて初めて。このときの快感が癖になったのか、僕は「もう誰にも負けたくない」と思うようになりました。

1番になる気持ちよさを、いつでも、何度でも味わいたい——こんな気持ちが、今でも僕の原動力になっています。

だから、いつだって1番になりたい。

2番や3番じゃ、気持ちよくないから。

1番になれなかったら、自分で自分を認められないから。

1番って、

ほんと、1番気持ちいい。

1番って、

無条件で魅力があるし

人を強くひきつける。

1番世界で高い山は

誰だってわかるけど、

2番目に高い山の名前は

わからない。

僕は1番になれなかったら、

自分で自分を認められない。

わからないことは人に聞く。教えてもらったことは必ず実行する。成長したければ、素直になる。

今の店「Dew'l《デュール》」で働き始めた初日、僕は指名を7卓呼びました。でも、お客様は呼べたのに売上が少なかった。一般的な想定額の4分の1から5分の1ぐらいしかなかったんです。

それを知った社長が「もう少し数字を上げられるように、教育してやる」って言ってくれて、最初に指摘されたのが「やさしすぎる」ということ。そのときは、意味がよくわからなかった。

でも、考えてもよくわからないなら、とにかく社長の真似をしよう！　と思って、その日からひたすら社長の真似をしました。

自分でもトライ&エラーを繰り返しながら、わからないことや迷ったことは、どんなに小さなことでも社長に聞きました。朝っぱらからLINEで、「女の子にこう言われたんですが、こんな返信の仕方でいいですか?」なんて相談したりして。

僕の毎日の質問攻撃に、社長は丁寧に答えてくれました。だから僕も、**教えてもらったことはすべて、そのまま実行しました。**その結果、入店して3カ月目にナンバー1になれたんです。

過去の自信を捨てて、やり方を1から学んだ

歌舞伎町でホストのバイトを始めたのは、大学生だった21歳のとき。「Dew'l」と同系列の別の店でした。その前に半年、埼玉でホストの経験があったから、少しだけ自信もありました。

でも、最初の2カ月は全然売れなかった。初回で来るお客様は多いのにほとんど指名がとれなくて、くじけそうにもなりました。

そのときに思ったのが、今までのやり方じゃダメだ、ということ。ここは歌舞伎町。埼玉のやり方は通用しない。そう思ったから、「過去の慣れ」を全部捨てることにし

たんです。

それからは、いろいろな先輩に話を聞きました。そして、教えてもらったことは全部実行する。

もちろん人によって言うことが違うし、「それ本当?」って感じることもあります。でも、すべて試してみました。

仕事の正解は、ひとつじゃない。やってみなければどれが正解なのかわからない、と思ったから。実際、ナンバー1の先輩から聞いたことをやってみても全然ダメで、内勤さん(接客をしないスタッフ)のアドバイスに従ったら結果が出た、なんてこともありました。でもこれは、ナンバー1の先輩の言うことが「間違い」だったわけじゃなくて、彼のやり方が、僕にはフィットしなかった、というだけのこと。

これを試して、ダメだったらこっち。それでもダメだったら、じゃあどうする?と考える。

毎日これを繰り返して、自分にとってしっくりくる方法を探して……。とにかく「なんでもやってみる」を実行していたら、翌月には上位に入ることができました。

教えてもらっただけじゃ、何も変わらない

今の僕は、後輩に教える立場です。いろいろ聞かれるようになってみてわかったのは、僕にできるのは「情報提供」までなんだ、ということです。それを実行するかどうかは、本人次第。

どんなにいいアドバイスをしても、本人が実行しなかったり、手抜きをしたりしたら結果は出ません。最後はやっぱり、自分がどこまでできるかにかかってる。

社長には今でも、「リョーマは言われたことを素直に実行したから、今がある」って言われます。その言葉はとてもうれしいし、そう言ってもらえると、自分のやり方でよかったんだなって思えます。

他人のアドバイスの中には、もちろん「はずれ」だってあります。でも、**小さな失敗を恐れるより「数打てば当たる」と腹をくくって、なんでもやってみたほうがいい。**自分からどんどん動いてみれば、絶対にヒットするものがあるはずだから。

本当にやる気のある人間は、自分にできることを懸命にやる。その姿を見ている人が、きっといる。

歌舞伎町で最初に入った店では、指名がとれるまでに1カ月かかりました。同じ時期に入店した同期が3、4人いたから、彼らには絶対に負けたくなかった。

ホストクラブでは、初めて来店したお客様には「送り指名」のシステムがあります。その日テーブルについた大勢の中から、店の出入り口まで見送るホストをひとり選んでもらうんです。

入店直後から、送り指名は僕がダントツ。でもなぜか、本指名にはつながらない。そのせいで、周りからは「送り泥棒」なんて呼ばれてました。でも、送り指名が本指名のきっかけになることは事実。だから僕も、ひとりでも多く送り指名をとろうと必死でした。

初回のお客様の場合、ひとりのホストが席につけるのは5分ぐらい。この条件は、「Dew'l」では全員同じです（店によります）。だから、**みんなと同じことをしているだけでは、みんなと同じ程度の印象しか残らない。**なんとかできないか？　と考えて思いついたのが、「アイス（氷）交換」です。

同席する時間は決められているけれど、アイス交換などの「雑用」は誰がやってもいい。だから、自分が席についていないときは、積極的にアイス交換をしにいきました。

本当に氷が溶けているかどうかなんて、関係ない。僕の目的は、アイス交換を理由にテーブルに顔を出すことだったから。

お客様は一度にたくさんのホストに会うから、ルックスがいいだけじゃ印象に残らないことも多いんです。だから、お客様に自分を印象づけるためにもアイス交換。実際に、「アイス交換をしに来てくれた子を」と送り指名をもらったこともあります。

ムダな仕事なんて、ひとつもない

僕が働く「Dew'l」には、「キャンペーン」というシステムがあります。これは毎月、売上や指名本数以外の面でホストを評価するものです。「シャンパンコールで頑張って声を出していたで賞」「テーブルマナーがよかったで賞」など、テーマはいろいろ。受賞者は従業員の投票で決まり、もちろん賞金だって出ます。

売上や指名本数を一気に伸ばすのは難しいけれど、小さい仕事なら、努力次第で新人でもナンバー1になれる。同時に、自分も投票しなければならないから、同僚の仕事ぶりもよく見るようになります。自分以外のスタッフは、どんな仕事をしているのか見ることは、自分のモチベーションアップになるだけじゃなくて、周りから学ぶきっかけにもなるんです。

成績が上がらないからって、くさることはない。まずは今の自分にできることを探して、それを一生懸命やってみる。**目立たない地味なことだって、きっと見てくれてる人がいる。絶対に自分のためになる。だから、どんな仕事もムダじゃない。**溶けてない氷を交換するのだって、ムダじゃなかったんだから。

自分のしてきたことを、信じてる。
これまでやってきたことが
確実に自信になっているから。
自分を支える自信と
余裕を生み出すのは、結局
〃毎日努力してきたという事実〃。

歌舞伎町での初めてのシャンパンコール。あのときの感謝を忘れたらダメになる。

ホストの世界を初めてのぞいたのは、大学2年生のとき。友だちに「よかったら、ちょっと一緒にやってみない？」みたいに軽く誘われて、遊び半分でやってみたら楽しくて。大学から行きやすかった埼玉のお店に週3、4回出ていました。小さいお店だったこともあってナンバー1もとれたんですが、大学3年生になって、校舎が都内に移ったことなどをきっかけに歌舞伎町のホストクラブに入店しました。最初は「こづかい稼ぎのバイト」みたいな感覚だったので、出勤は週に3、4日でした。

でも同じ時期に入った同期の中には毎日出勤している子もいて、僕が休んだ日にお客様をつかんだりしている。**それに気づいたとき、負けず嫌いが刺激されました。**休んでる時間がもったいないと思って、大学に通いながら週6でお店に出るようになりました。

単位がギリギリだったので、4年生になってからは毎日大学、毎日ホスト。あの頃は、ほとんど寝てなかったような気がします。

ホストになることに迷いはなかった

学生の頃はまだ実力がないこともわかっていたから、「ナンバー1になりたい」じゃなくて「同期に負けたくない」と思っていました。絶対に4年で卒業しようと思っていたから大学には行っていたけど、授業中はずっと携帯でお客様に連絡してたから、授業の内容なんて全然頭に入らなかった。

机の前に座っている間も「同期の○○は今頃、女の子と会ってるんだろうな」なんて考えちゃって、仕事をしていない時間がもったいなくてたまらなかった。

その頃にはもう、ホストの仕事の楽しさに気づいていたんだと思います。遊ぶ時間なんてなかったし、寝ないで働いていたけど、毎日違う人との出会いがあるし、いつチャンスが転がってくるかわからない。そんなドキドキや緊張感を、純粋に楽しんでいました。

周りの同級生が就職活動を始めても、全然迷いはなかった。そもそも、黒髪にするのが嫌だったんです。

高校までスポーツをしていたから、髪型にも制約がありました。だから、卒業したとたん髪型を変えて、色も明るくして。自分のしたい髪型をして、着たいものを着る。それってこんなに楽しいことだったんだって感動しました。だから、髪を黒くしてリクルートスーツを着て……なんて考えられなかった。自分のしたいことをできる仕事は、ホストしかない、ってごく自然に思ったんです。

シャンパンコールに感動

大学の成績はギリギリ卒業できるレベルだったけど、仕事の成績はまあまあ。同期の中では1、2位をキープしていました。

歌舞伎町で初めてシャンパンを入れたのは、入店して2カ月目。まだそれほど指名がとれず、苦戦していた頃です。

あのときのシャンパンコールは、今でも鮮明に覚えています。

やっとシャンパンが入って、それだけでもうれしいのに、さらに同僚や先輩がテーブルを囲んでコールしてくれるわけです。

あのとき、「ああ、俺、ホストしてる！」って心から実感しました。あのときの気持ちよさ、高揚感があったから、大学卒業後もホストを続けることに迷いを感じなかったのかもしれません。

みんなのコールを聞きながら、泣きました。とにかく、うれしすぎて。同僚に感謝、先輩に感謝。そして誰よりも、お客様に感謝。

あのとき、心の底から湧《わ》いてきた「ありがとう」っていう気持ちだけは絶対に忘れたくない。いや、忘れちゃいけない。

あの気持ちを忘れたら、僕はたぶんダメになる。ホストとしても、人としても。

何年やっても、仕事は新鮮で楽しい。1番になる気持ちよさを味わうチャンスが毎日あるから。

ホストの世界は、成績がすべて。1日の仕事が終わると、その日の売上や指名本数のランキングが貼り出されます。毎日、自分が今どのあたりの位置にいるかがはっきりわかるし、月末締めで外部にも公表されるので隠すこともできません。どれだけ経験を積んでも、毎日誰が1番売上を上げるのか予想するのは難しい。勝負が決まるのは、ラストオーダー次第だからです。

早めの時間から順調に売り上げていても、誰かが最後に高いシャンパンを入れたら簡単にひっくり返る。だから、最後まで気が抜けません。でも僕にとっては、その緊張感がたまらない。

「今日は○○が何卓呼んでて、××さんも来店してる。そうなると、このぐらいの数字になるだろうな」なんて予想して、僕のほうもそれに勝つために頑張るわけです。

毎日、その日の売上がトップだったホストが「ラストソング」（営業の締めくくりにホストが歌うこと）を勝ち取れます。ホストはもちろん、全員がそれを狙《ねら》ってる。だからそれぞれが頑張るし、お互いに様子をうかがいながら駆け引きだってする。ホスト同士が本気で競い合うから、毎日が新鮮でおもしろいんです。

なったからには、1番であり続ける

学生の頃は「同期に負けたくない」という気持ちでやっていたから、上位に入れればラッキー、ぐらいの感覚でした。でも「Dew'l」でナンバー1をとってからは、気持ちが変わりました。

僕はもともと、超がつくほどの負けず嫌い。以前は、「まだ実力が足りないから仕方がない」っていう気持ちがあったから、ナンバー1になれないことが「負け」じゃなかったんです。

だけどナンバー1をとれたことで、自分には1番になれる実力があるという自覚が生まれ、それならずっと1番でいなければと思うようになりました。「1番になれたらいいな」でもないし、「1番になりたい」でもない。**「1番だけが勝ち」って思うようになったんです。**

僕が狙うのは、もうナンバー1だけ。誰にも負けたくないから、毎日、毎月が真剣勝負です。プレッシャーも緊張も感じるけど……やっぱりおもしろい。

ホストの仕事の魅力は「気持ちよさ」

ホストって、「お金のためにやってる」と思われがちかもしれません。たしかに、成績が収入に直結する仕事ではあるのですが、この仕事の本当の魅力はお金だけじゃないと思っています。

僕が求めているのは「気持ちよさ」。**頑張ってトップになること、自分で決めた目標をクリアすること。そんなときの達成感や充実感って、最高に気持ちいいんです。**こんな快感を毎日味わえる仕事なんて、なかなかないんじゃないでしょうか。

だから、この仕事に飽きることなんてありません。自分が頑張ってさえいれば、毎日が楽しいから。

特に充実感があるのが、忙しすぎるぐらい忙しいとき。自分のお客様が何卓もかぶったときなんて、最高に「仕事してる感」がある。

こっちに「ちょっと待っててね」なんて声をかけながら、「あっちに行かなきゃ」「次はこっち」なんて。頭も体もフル回転させながら、「俺、ホストしてる〜」なんて実感するのは……もう、最高。

1番になると、自分で満足できるだけじゃない。周りからもほめてもらえる。「すごいね」「さすが」なんて言われるのは単純にうれしいし、明日からも頑張ろう、ってパワーにもつながります。

歌舞伎町でホストを始めたばかりの頃、ナンバー1のホストがすごくかっこよく見えました。でも今は、自分がその位置にいる。だから、**ナンバー1の肩書きに恥じない仕事をしよう、**とも思うようになりました。

だから僕は、周りからどう見られているかをけっこう気にしています。ナンバー1であり続けたいっていうこだわりは、お金のためじゃない。僕の望みは、「かっこいいって言われ続けたい」。ただ、それだけ。

投げ出したら負ける。やるべきことは「習慣」になるまで嫌でもとことん、やり続ける。

どんな仕事にも、「まじめさ」は必要だと思います。もちろん、ホストにも。「顔がよければ売れる」なんて思われがちだけど、実際にはルックスだけで成功したホストなんて見たことがありません。

成功している人やどんどん伸びる人に共通しているのが、目標を持っていること。「自分はこうなりたい」っていう形をしっかりイメージして、それに向かって努力することが大切なんだと思います。

目標は、最初から大きなものでなくていい。たとえば、「毎朝10時までには起きる」だっていいと思います。そのかわり、目標を決めたら、そのためにできることはすべてやる。根性で布団から出る。目覚ましのアラームをしつこく鳴らす。誰かに頼んでモーニングコールをしてもらう。

とにかく「どうすればできるか」を考えて、そのために動く。それを続けているうちに、自然に自分の行動が変わっていきます。その行動の積み重ねが、目標達成につながるんだと思う。

目標を決めたのに、「やってみたらできなかった」「思ったより大変だった」なんて理由でやめるようでは、ホスト失格。いや、どんな仕事をしても成功なんてできないと思います。

「他人の目」が、サボりの抑止力になる

自分で決めた目標のためでも、毎日同じようなことを繰り返しているとマンネリ化してくることもあります。仕事に関しては「やらされてる感」が出てくることもあるかもしれません。

でも、そこで投げ出したら負ける。「こんなことに意味があるのか？」なんて迷いも、あって当然。「やらされてる」って受け身な気持ちがあったっていいんです。と

にかく続けること。

どんなに嫌だと思ったことでも、1、2カ月続けるうちに「習慣」になります。いったん習慣になってしまえば、「するのが当たり前」になって、その結果、目標達成も少し楽になるはずです。

大変なのは、「やるべきこと」が「習慣」になるまで。サボり防止に役立つのが、他人の目を意識することです。

やるべきことを決めたら、身近な人にそれを伝えておく。誰かがチェックしていると思えば、やるしかない、って気持ちになります。だってサボったのがバレたら、「口先だけのヤツ」と思われちゃうから。そんなのかっこ悪すぎる。

僕の場合は、さらに「罰則規定」も設定しています。「〇〇をやる！」と伝えた相手には、「もしできなかったら、×万円あげる」などと約束しておくんです。やりたくないな、と思ったとき、反射的に「でもやらなかったら、あいつに払わなきゃいけないんだ！」って思い出すので、かなりサボりの抑止力になります。

目標を目指して、やるべきことをやる

2020年の「緊急事態宣言」で「Dew'1」が休業していた間、僕は普段やらない「インスタライブ」を配信していました。お店で会えないお客様たちと、つながりを保ちたいと思ったからです。

配信をスタートした日、あえて「1カ月間、毎日配信する」と公言しました。視聴者に言ってしまえば、絶対にサボれなくなる。有言実行の人間でありたいから、自分で言ったからにはやらないと。

さらにサボりにくくするために、いろいろな方とコラボするスタイルにして、「明日は○○さんと一緒にやります」と予告もしました。サボったら視聴者にがっかりされるだけじゃなく、コラボしてくれる方にも迷惑をかける……。こんな風に、自分にプレッシャーをかけたんです。

慣れない配信には大変なこともあったけど、予告通り1カ月間、毎日続けることができました。来店するお客様以外の人にも、自分の存在を知ってもらうきっかけになったと思います。

僕の目標は、常にナンバー1ホストであることです。だから**いつだって、そのために何ができるかを考えてる。そして、やるべきだと思ったことは、睡眠時間を削ってでもやる。**

こんな仕事の仕方を、つらいと思ったことはありません。やるべきことに全力を注ぐのは、ナンバー1を目指す者として当然だからです。

成功している人や
どんどん伸びる人に
共通しているのは、
自分で決めた目標を
持っているということ。
小さな目標を達成した
経験の積み重ねなくして、
大きな目標は達成できない。

常に上を目指す気持ちは今でも変わらない。満足しちゃったら、そこで終わり。

目標を持つことは大切だけど、だからといって新人ホストがいきなり「ナンバー1になる！」なんて思うのは、つまずきの元のような気がします。目標は、もう少し小刻みにしたほうがいい。

これって、一般企業の新入社員が「代表取締役になる！」という目標を立てるのと同じことです。あまりにも現実味がないと、達成できる気がしないんです。仮に本人がものすごく優秀でも、実際にはいきなり経営者にはなれない。新人として目の前の仕事をこなすことから始まって、少しずつ昇進していくはずです。

最初から「代表取締役」を目標にすると、平社員のうちから「どうして、思うように昇進できないんだ？」と焦ってしまう。そして、自分には能力がないのかと落ち込んだり、自分を認めようとしない会社を責めたり。そんなことをしているうちに、仕事が嫌になって辞めてしまう……なんてことになりかねません。

だから**まずはその時点の実力に合わせて、「頑張れば手が届きそうなこと」を目標にする。**それを達成したら、もう一段階上の目標を立てる。今月はここまで達成しよう、来月はここ、その次は……と目標を上げていけばいいんじゃないかな。

目標を達成したときって、すごい充実感がある。頑張って、自分の力で結果を出したんだ、っていう自信もつく。この気持ちを一度でも味わえば、必ずまた味わいたくなる。そして、そのために頑張れるんです。

できないことも、いつの間にかできるように

目標を少しずつ上げていくことには、「自分でも気づかないうちにレベルアップできる」という効果もあります。たとえば「Dew'l」に入ったばかりの頃の僕にとっては、1カ月に1000万円の売上を上げるなんて、とんでもないことだった。

でも、社長がほどよい目標を設定してくれたので、僕はとにかくそれをクリアする

ことを目指しました。目標金額が400万だったのが500万になり、600万、700万と上がっていく。そして気づいたら、わりと無理せずに1000万売り上げるようになっていました。

一度目標を達成すると、そこが「最低ライン」になります。「必死で頑張らないと、400万には届かない！」なんてドキドキしていたはずなのに、1カ月後には「最低でも400万。本当の目標は500万」なんて思うようになる。

「社長に言われたから次を目指す」わけじゃない。**やればできる、っていう自信と、達成したときの気持ちよさ。それに背中を押されて、もっと上に行きたくなる。**自分の中で、自然に目標が上がっていくんです。

「前月の自分」に負けちゃいけない

「Dew'l」では毎月、スタッフ全員がその月の目標額を言うことになっています。僕は後輩たちに、「前月より低い数字を目標にするな」って言っている。もちろん僕自身も、常に「前月の自分」に勝つ金額を目標にします。

中には、「先月の売上がよかったのは、バースデイイベントがあったから……」なんて弱気なことを言う子もいます。たしかに、バースデイ月は売上が上がりやすい。でも、だからといって、ほかの月はそこに届かなくて当然、なんて思うのはちょっと違う気がします。

一度でもその金額を出したということは、自分にはそれだけ売る実力があるということ。だから「バースデイ月だったから、売れただけ」なんて、自分を小さく見積もる必要はないんです。

バースデイ月の売上は「特別なもの」じゃなくて、自分の中の「最低基準」にするべき。そして翌月には、「もっと売ろう!」と思えばいい。

僕はいつの間にか、「ナンバー1になって当たり前」と言われるような立場になりました。でも、その位置に満足したことは一度もない。**目標を達成したときは自分をほめるけれど、そこがゴールとは思わない。**この世界にはまだまだ上があるし、自分はもっと上に行ける。だから「もうこれで十分」なんて、自分に休憩を許すつもりはありません。

あえてのライバル発言で、ハッタリをモチベーションに変える。

僕が働く「Dew'l」のスタッフはみんな本当に仲がいい。でも仕事中は、後輩たちに「あえてライバル発言をしろ」と勧めています。

たとえばシャンパンコールのとき、マイクでコメントをする機会があるのですが、そこで「今月は○○に勝ちます！」「いや、絶対に負けない！」なんて言い合いをさせるんです。

たとえハッタリでも口に出すと自分もその気になるし、人前で言っちゃった以上、それを達成できなかったらかっこ悪い。だからお互い、本気で頑張ろうと思うようになるんです。

それからもうひとつ、ライバル発言をお客様に聞いてもらうことにも意味があります。担当ホストの目標がわかると、応援したくなるもの。お客様にも「一緒に頑張ろう」と思ってもらえることが多いんです。

「1000万円の時計を買う」と同僚に宣言

もうずいぶん前ですが、僕もかなりのハッタリをかましてしまったことがあります。きっかけは、腕時計でした。

その時計の価格は250万円ぐらい。同じデザインで、初めからダイヤがセットされているものは1000万円ぐらいするんですけど、僕が買ったものは、後からダイヤをつけられるモデルでした。

デザインが気に入ったから買っただけで、アフターダイヤであることも承知していました。でも、実際につけてみたら1000万のモデルと見分けがつかないので、お客様に聞かれたとき、ちょっとした出来心で「1000万で買った」と言っちゃったんです。

軽い気持ちで言い始めたことだったんですけど、少し経ったら猛烈に恥ずかしくなってきて。自分にうそをついていることが嫌でたまらなくなりました。

できれば訂正したかったけど、それなりの人数にしゃべっちゃったし、今さら「な~んちゃって」って言えるようなことでもない。このモヤモヤをなんとかしなくちゃ……と、しばらく悩みました。

最終的に決めたのが、本当に1000万円の時計を買おう！　ということ。頑張って稼いで、堂々と「1000万で買った」と言える時計を持ってやろう、って思ったんです。

同僚の中には本当の値段を知っている子もいたので、その子たちには「ガチで1000万の時計を買うわ」って宣言しました。**人に言っちゃった以上、実現できなかったら恥ずかしい。**

結局、それまで以上に頑張って、1年弱ぐらいで目標の時計を手に入れました。自分の発言をハッタリで終わらせたくない！　という気持ちが、モチベーションアップにつながったんだと思います。

後輩との勝負で改名の危機に

若い頃は、僕もよく同僚や先輩と「勝負」しました。「送り指名」をどっちが多くとるか、から始まって、「今日の指名数は俺が勝つ」とか、「今日のラストソングは俺が歌う」とか。

実は今でも、後輩と競い合っています。月のナンバー1になると、お客様の前で、マイクでコメントすることができます。そのとき後輩を2、3人指名する。そして、「指名した後輩全員」対「俺」で翌月の売上金額で勝負するんです。

後輩は負けても、くやしいだけ。でも僕の側には、負けたときの罰則をつけます。たとえば、かなり高い食事をおごるとか。今までで1番厳しかった罰則は、「負けたら〝高田馬場リョーマ〟に改名する」というもの。こんなおもしろい罰則があれば、後輩は全員、本気になります。

改名すると言い出したのは僕自身なんですけど、実は「ちょっとやりすぎたかな?」とも思いました。勝つ自信はあったけれど、万が一、っていうこともなくはない……。あのとき僕が頑張れたのは、真剣に勝負してくれた後輩たちのおかげかもしれません。「高田馬場リョーマ」になるのだけは避けたい! と必死になれたから。

1番になることがゴールじゃない。1番になったら、その後もずっと1番でいたい。

この章の冒頭でも書きましたが、1年生で6位、2年生で1位になった、小学校のマラソン大会で「1番」の気持ちよさを知ったとき、僕は「もう誰にも負けたくない！」と思いました。でも実は、6年生のとき一度、負けを経験しています。

結果は2位だったけれど、僕にとっては、1位じゃなければ「負け」。自分が負けたことが、とにかくくやしくて。1位になる快感を味わった経験があったから、よけいくやしかったんだと思います。

1番になった後は、ずっと1番でい続けたい！　こんな風に思うようになったのは、このときの経験が原因のような気がします。

それに加えて、この経験から僕は、「トップになることより、トップを継続することのほうが難しい」なんてことも、うっすら感じ始めていたのかもしれません。

営業後にノートを書くのがルーティン

僕は営業後に毎日、自分用のノートを書いています。書き始めてから8、9年。1日もサボったことはありません。内容は、その日に気づいたことや覚えておきたいこと、自分の課題や目標など、いろいろ。書くことで頭が整理できるし、自分がやるべきことも再確認できます。

どんなに疲れていても、ノートを書かずに寝ることはありません。ベロベロに酔っ払って帰った日でも、翌日見ると、フニャフニャな字で書いてある。何が書いてあるのかよくわからないこともあるけど、僕にとって大切なのは、「毎日書く」こと。だから、たまに判読不能な字や意味不明な文があることは大目に見ることにしています。

こんな地道な作業を続けるのは、もちろんナンバー1であり続けるためです。1番になっても、油断すれば簡単に負けるんだ……ってことを、小学6年生のときに学んだから。

ノートを書くことで毎日、自分の仕事を見直し、明日も頑張ろうと気持ちを奮い立たせる。「今の調子でなんとなく続けていれば、トップでいられる」なんておごりや甘えが出てこないように。

長く続けているので、書くのが大変だとは思いません。むしろ、やらないと気持ち悪いくらいで、僕にとってノートを書くことは歯磨きと同じ。自然に体が動くレベルの習慣になっています。

アドバイスを求めてくる後輩にも、ノートを勧めることがあります。最初はみんなやるけれど、途中で続かなくなる子もいる。かわいそうだけど、そんな子はあまり売れないかな、って思います。

目標を達成するためには、毎日の地道な継続が欠かせません。自分で「やる」と決めたことをすぐに投げ出してしまう、つまり小さな努力を積み重ねていくことができないんなら、成功なんてできっこないんじゃないでしょうか。

1番を続けることは、1番になるより難しい

僕は小学校から高校まで、ずっとサッカーをしていましたが、みんなとの練習が終

わった後、残って自主練をするのが日課でした。少しでもうまくなりたかったから、その日の練習でできなかったことがあると、できるようになるまでやらないと気がすまなかった。自分が決めた目標をクリアするまでは、やめたくなかったんです。

苦手な技ができるようになるまで帰らない。

ゴールポストにボールを当てられるまで帰らない。

うまくできなくても、途中であきらめるのは許せなかった。だから、暗くなってボールが見えなくなるまで、ひとりで練習していることも珍しくありませんでした。

もちろん、こんな練習を見ている人はいないし、直接ほめてくれる人もいません。でも絶対に、自分の力にはなっていたと思う。

仕事だって、これと同じ。目標を決めて、毎日コツコツ続けること。その積み重ねなしに、トップにはなれない。そして**トップになってからも続けていかなければ、トップの座をキープしていくことはできないい**んじゃないかな、と思います。

後輩にアドバイスを求められたら、出し惜しみはしない。すべて教えても負けないから。

僕は「Dew'l」の社長に、本当にいろいろなことを教えてもらいました。わからないことがあったらなんでも聞いて、それを実行して、自分のものにしてきた。「人に聞くこと」って、成長につながる1番の近道だと思っています。

だから後輩たちにも、なんでも聞いてほしい。一緒に働く仲間には成長してほしいし、頼られるのもうれしいから。**人に教えることであらためて理解が深まることもあるから、自分のためにもなる**んです。

同じ店で働くホストはライバルでもあるけど、僕は後輩に聞かれたことについて「出し惜しみ」は一切しません。自分が答えられることならなんでも答えるし、教えられることはすべて教えています。

僕が経験から学んだことを伝えるのは、絶対に後輩のためになる。それに、たとえ僕が知っていることを全部教えたとしても、負けない自信があるから。

「努力」に関して僕を負かした後輩もいる

ある後輩から、「1000万円売り上げたい」と相談されたときのことが印象に残っています。彼の成績は1000万にはかなり遠かったけれど、僕はいくつかアドバイスをして、「お前ならできる」って励まして。

その後輩は、本当に頑張りました。僕自身、自分を努力家だと思っているけれど、あのときの彼は僕以上に努力していたと思う。そして、本当に1000万売り上げたんです。

口では「俺のアドバイスのおかげだな〜」なんて言ったけど、後輩の成長は、自分のことみたいにうれしかった。もちろん、売上では僕のほうが上。でもあのとき、目標を達成するまでの「努力」に関しては彼に負けたな、と思ったことを覚えています。

やれることはすべてやった、と自信を持って言えるまでは「向いてない」なんて言わない。

これまで、ホストとしてうまくいかずに辞めていく後輩をたくさん見てきました。なかなか結果を出せない後輩から、「辞めたい」という相談を受けたことも少なくありません。

後輩が「辞めたい」と言うとき、僕が必ず聞くことがあります。それは**「本当にやりきったと言えるまで努力したのか？」**ということ。

僕の質問に「やりきりました」って自信を持って答えられるなら、したいようにすればいい。でも、**なんて答えようか一瞬でも迷うなら、もう一度やり直すべき**だと思います。

だって、努力の方向が間違っている可能性もあるから。頑張っても頑張っても空回りして結果が出ない場合は、努力の「量」を増やすんじゃなくて、「やり方」を変えたほうがいい。あらゆる角度から考えて「やり方」を見つけ出す。それもひとつの努力です。

ギリギリまで頑張っている人に「もっと努力しろ」とは言いにくいですが、「本当にやりきった？」なら言える。言われたほうも、何かほかに「やり方」があるんじゃないかと考えるきっかけになるはずです。

自分に合わないから、と仕事を辞めるのは簡単です。後で詳しく書きますが、僕も学生時代のバイトはサクッと辞めたりしています。でも、本当に「やりたい」と思った仕事なら、自分のイメージ通りにいかないだけで、「向いてない」なんて言いわけをしないでほしいんです。**その仕事が向いてるか向いてないかなんて、やりきった人にしかわからない**と思うから。

もちろん、明らかに苦手なことばかりで、何をやってもダメというなら話は別です。でも、「やりたい」と思えることで、自分からも周りからも認められるような仕事をしたいなら、地道な努力を避けて通ることはできません。自分にできることは、すべてやってみる。コツコツ継続してみる。

「できることは、精一杯やりました」って、誰に対しても言えるぐらいやりきること。それをするまでは、「向いてない」なんて言ってほしくありません。

努力をしたかどうかは、質問の仕方でわかる

本当に努力したかどうかは、意外に周りの人間に伝わるもの。たとえば質問の仕方にも、それは表れます。

頑張ってきた子は、これまでしてきたことを踏まえて質問することができる。たとえば「○○をしてみたけど、うまくいきませんでした。どこがいけなかったと思いますか？」みたいに。

こんな質問には、僕は真剣に答えます。僕の知っていることはなんでも教える。努力することを知っていれば、きっと僕のアドバイスを生かして成長してくれると思うから。

でもなんの努力もせずに、「僕、どうしたら売れますかね？」なんて聞いてくる子もいます。そんなこと知るか！　って言いたくなる。

努力もしないで「正解」だけほしがるような質問には、僕は答えません。だってそ

んな人間にアドバイスをしても、言われたことを試そうともせず、「やっぱり売れないなあ。向いてないのかなあ」なんて言い出すだけだと思うから。

努力ができない人間は、運をつかめない

ホストには、毎日チャンスがあります。たとえばスポーツは、1日でレベルアップすることは絶対にありません。でもこの仕事に関しては、一発逆転もザラ。たまたまいいお客様に出会って、たった1日で上位に食い込む成績を出す……なんて可能性が常にあるんです。

「運がよかっただけ」に見えるかもしれないけど、これって運だけじゃない。日頃の努力がなければ、巡ってきた運をつかむことはできないんです。

頑張っても結果が出ないときって、つらいもの。でも、もしかしたら明日、チャンスが巡ってくるかもしれない。そのとき運をしっかりつかむために、今やるべきことを精一杯やっておくべきなんじゃないかな。

人が休んでいるときに何をするかで差が開く。

「Dew'l」では、社員全員で旅行する機会がよくあります。もちろん前日は仕事だから、移動中はみんな爆睡。でも僕は、絶対に寝ません。寝ないで何をしているか？　もちろん、お客様と連絡をとり合っているんです。

「社員旅行だから」と伝えれば、女の子はみんな気をつかって「旅行中は、連絡してくれなくていいからね」と言ってくれます。だから、みんなは安心して眠ってる。でも僕は、あえてそのタイミングで連絡をするようにしています。

たとえば、一度だけ来店してまだ指名が決まっていないお客様には、誰が連絡してもいいことになっています。全員に平等なチャンスがあるし、この段階では同僚だけじゃなく、他店のホストもライバル。だから油断できないし、絶対に手を抜けません。だからこそ僕は、みんなが連絡しないタイミングを狙います。「誰からも連絡は来ないだろう」と思っているときにメッセージが届いたら、いつも以上にうれしいはず。ちょっとしたやりとりでも、価値が数倍になるんです。

バスや電車はもちろん、飛行機の中でも、僕は寝ません。機内で通信はできないけれど、文面をつくっておくことはできます。移動中に文面をつくって送信できる状態にしておき、飛行機から降りたらすぐに送信。こうすることで、誰よりも早くメッセージを送ることができます。

「いつも」にプラスして何をやるか

みんながやらないから、自分もやらない。これでは、ライバルに差をつけられません。**周りとの差を広げるためには、「みんながやらないときこそ、自分はやる」という発想が必要**だと思っています。

これは、スポーツの自主練と同じです。人よりうまくなりたいなら、みんなと同じ練習だけしていてはダメ。いつもの練習にプラスして何をやるか、が重要なんです。

そう考えると、みんなが寝ている移動中は「チャンス」でしかない。だから僕は、無理矢理でも仕事をします。

僕がここまでやるのは、すべて自分のため。誰かにやらされているわけではなく、やりたいと思うのも、実行するのも自分です。

モチベーションの源は、ナンバー1でいたい、今よりもっと上に行きたい、という気持ち。「みんなが休んでいるときに、なんで自分だけ頑張らなきゃいけないんだろう?」なんて思ったことはありません。**正直言って、ライバルがサボってくれるのはラッキー。「今のうちに差を広げておこう!」と、かえってやる気が湧いてきます。**

もちろん疲れて眠いときもあるけど、寝てしまったら後悔すると思う。移動中に仕事をするのは、もう習慣になっているから、やらなかったら気持ち悪い。「やると決めたことをやらなかった」ってモヤモヤするのは、僕にとっては寝不足よりずっとつらいことなんです。

第2章

誰だって、自分の価値を上げることができるはず。

自分にとって、ホストは天職。それ以外の仕事は何をやってもダメだったけど。

学生時代、最初にバイトしたのはコンビニエンスストアでした。選んだ理由は、自宅から近かったから。仕事内容もよく考えないまま、なんとなく始めました。

働き始めてみたら、まずレジの袋詰めでつまずきました。中身を安定させるためには、大きいものや重いものを下に入れるのが基本。僕にはそれがよくわからなくて、まあいいや、と適当に詰めたらお客様に怒られたり。ものの置き場所を覚えることとか、決められたリストや書類を書くこととか、もうできないことだらけ。

次に、居酒屋とピザのデリバリーをかけもちしました。

居酒屋では、注文を入力するハンディターミナルの扱いに苦戦しました。操作方法が意外にややこしいし、ボタンもたくさんあって、何がどこにあるのか覚えられない。

ボタンを探しているうちに聞いたばかりのオーダーがわからなくなって、お客様に「すみません、もう一度言ってもらっていいですか」なんて頼んだりしたこともありました。「このメニューのときは、粉チーズとペッパーソースを持っていく」みたいな決まりも覚えられなくて、気がついたらシフトを減らされていました。

ピザのデリバリーは、そもそも無理があったかもしれません。僕は、かなりの方向音痴だから。配達先を確認してから出発するのに、店を出てすぐ右に曲がらなきゃいけないところを左折して、店内で見ていた店長が「お前、どっち行ってんだ！」って激怒したりしました。結局、配達スタッフとしては使いものにならないレベルでした。

友だちから「ホストやってみない？」と誘われたのは、3種類のバイトで挫折した後でした。誘いに乗ったのは、おもに好奇心から。でもこれまでのバイトと違って、ホストの仕事にはすんなりなじむことができた。細かいことを覚えたり、道順を暗記したりしなくてすむなんて、ホストっていい仕事だな～、なんて思いました。

いったんホストを辞めたけれど

埼玉のホストクラブを辞めてからしばらくは、建設現場などに派遣されて足場を組んだりするバイトをしていました。辞めてすぐにほかの店でホストをするのもちょっと違うかなと思ったし、何より髪色が自由という条件が魅力的でした。

でもその仕事をしている間も、ホストに未練があったのかもしれません。渋谷や原宿で声をかけられて、ホストクラブの体験入店に行ったりもしていたから。結局、歌舞伎町のお店で働き始めました。

ホストは厳しい仕事だけれど、僕にとっては最高におもしろい。でも、この仕事の本当の難しさやおもしろさを感じられるようになったのは、ナンバー1になってからかもしれません。

頑張ればトップになれる、という自信がつくまでは、迷ったり悩んだりすることばかり。売上が上がらなければつらいし、先輩のアドバイスや励ましがかえってプレッシャーになったこともありました。

でも、結果を出せなくてつらいときでも、自分がホストに向いていないと思ったこと、辞めたいと思ったことは一度もありません。本当に「やりたい」と思える仕事だったから。なんの根拠もないけど、自分にはホストが天職だ、とずっと思ってきたんです。

細かいことを覚えなくてすむ仕事でありがたいな〜、なんて気持ちは、ホストのバイトを始めた頃から変わっていません。僕はこの仕事に本気で打ち込んでいるけれど、やっぱり「何かを覚える」ことは苦手なままだからです。

毎晩見ているのにカクテルのレシピなんて見当もつかないし、お店の裏のものの置き場所もよく知らない。イベントなどのスケジュールもあやふや。1番の問題は、シャンパンコールを覚えていないこと。まあこれは、僕がいつも「コールされる側」だからかもしれないけど（笑）。

こんな風に、ある意味ダメダメな僕だけど、それでも自分の価値を上げることができたのは、結局「やりたい」ことだったから。「なんとなく」やってるうちは、自分の価値を上げることなんてできないんだと思います。

嫌いなことは、嫌いと言う。なんでも好きっていう人の「好き」に価値はないから。

ホストは、お客様に楽しんでもらうのが仕事。そのために、女の子をやたらと持ち上げたりおだてたりする……なんてイメージを持っている人がいます。

もちろん、ほめられてうれしくない人はいません。でもだからって、やたらとほめればいいってもんじゃない。ほめ言葉が口先だけのものか本心かは、意外に相手にも伝わるものだと思うからです。

お客様と話すときに心がけているのは、「気づいたことを口に出す」こと。**相手をよく見れば、その人が気をつかっている部分がわかります。**

たとえば毎回違う服で来店してくれるなら、ファッションが好きなんだな、って思う。だから「おしゃれだね」「服が好きなんだね」。ヘアケアやネイルを丁寧にしていそうな子には、「髪がきれいだね」「そのネイル、いいね」。

たとえ素直な気持ちであっても、「かわいいね」「きれいだね」ではありきたり。みんなに同じことを言っているような印象も与えかねません。ほめるなら、相手がほめてほしいポイントを押さえて言葉をかけたいな、と思っています。

「いつもほめてくれる人」と思われたくない

僕は、心にもないほめ言葉や「好き」っていう言葉は、ほとんど口にしません。そして相手がお客様であっても、嫌いなものは嫌いと言います。なんでもかんでも「好き」「いいね」って言う人の「好き」には、あまり価値がないと思うから。

だから、表面的なほめ言葉を並べるのではなく、僕が見て気づいたことをピンポイントで伝えてあげたい。あの子も好きこの子も好き、きみも好き、って言われるより、普段は何も言われないけどメイクを変えたら気づいてくれた……みたいなほうが、女の子の満足度は高いんじゃないでしょうか。

僕はむしろ、よくないと思ったことも、はっきり伝えるようにしています。髪型を変えた子に「ショートのほうが似合ってたよ」とか、ファッションの雰囲気が変わった子に「前に着てたシンプルな感じの服のほうが似合うと思うよ」とか。

そのほうが、「自分のことをちゃんと見ていて、考えてくれた」ってポジティブに受け止めてくれるんです。たぶんこれは、純粋に「その子にもっと素敵になってほしい」と思っていることが伝わっているからだと思います。

美容クリニックのカウンセリングに行っても、「こうしたほうがもっとよくなるよ」とか「これはしなくていい」って、はっきり言ってもらったほうがうれしいでしょ？

それと同様に、**僕は「僕にしか言えない」ことを言おうと思っています。**

こうした関わり方は、従業員に対しても同じ。その後輩のためになると思えば、気づいたことは指摘します。

たとえば、いつも前髪を上げてお店に出ていた後輩に、「前髪を下ろしたほうが、女の子ウケがいいと思う」と伝えたことがあります。本人は嫌そうだったけれど、僕は、「とにかく一度だけやってみな」って言い張った。絶対に本人のためになる、って自信があったからです。

結果的に、髪型の変更は大成功。その後は前髪を下ろした髪型が定着し、本人からも「やってよかったです！」と言ってもらえました。

人と接するときに必要なのは
“自分にしか言えない言葉”。
それが出てこないのは、
相手をよく見ていないから。

その自信は本物か？自信を持つのは大切だけど、仕事をナメちゃいけない。

新人ホストの中には、ルックスがいいから、これまでモテてきたから、という理由で成功できると思っている人がいます。でも実際は、そんなに簡単ではありません。毎日の成績が数字に出るので、ほとんどの新人はすぐ勘違いに気づきます。でも中には、ちゃんと現実と向き合えない子もいます。そういう子は、売れなくても「もう少ししたら売れるようになるはず」などと考えてしまう。そして、地道な努力をしようとしないんです。

仕事をするうえで自信は大切だけど、「思い込み」と「自信」は違います。結果や実力が伴わない薄っぺらな自信は、必ず言葉や態度に現れ、それはお客様にも敬遠されます。

だから自分で気づけない後輩には、僕から言うこともあります。自信を持つのはいいことだけど、「単なる思い込み」じゃダメだよ、って。

「自信」と「結果」には相乗効果がある

毎日、波がある仕事だけれど、ときどき自分でもびっくりするぐらい調子がいいことがあります。やたらと指名がとれて、当たり前みたいにシャンパンがどんどん入って。「俺、どうしちゃったんだろう？」と思うぐらい。

こんな絶好調の波は、前触れもなくいきなりやってきます。いつも後から理由を考えるけど、これだ！　という答えが見つかったことはありません。

ひとつだけいえるのは、〝無双〟状態になっているときの自分には自信がある、ということです。自信があるから、発言も振る舞いもすべてがいいほうに変わる。そして結果を出せることでさらに自信がついて……という「成功のスパイラル」に乗れているような気がします。

でもやっぱりわからないのは、「自信」と「結果」のどっちが先なのか？　ということです。

自信があるから、結果を出せたのか？　結果を出せたから、自信がついたのか？

この問題については、まだしばらく正解探しが続きそうな気がします。

うまくいかないことがあっても「まあいいか」

「いい波」がある分、もちろん「悪い波」もあります。調子が悪いときに限って、いいお客様との関係が切れてしまう。売上が上がらないと、モチベーションが下がる。それが接客にも影響して、さらに成績が落ちていく……。こんな「負のスパイラル」にはまってしまうのも、誰もが経験することだと思います。

でも今の僕は、売上が落ちても気持ちまでは落ち込まなくなりました。何があっても、「まあいいか」と平常心でいられるからです。

「まあいいか」と思うのは、ナメているわけでも思い上がっているわけでもありません。自分はこれまで、やるべきことを精一杯やってきたし、もちろんこれからも続けていく。だからうまくいくはずだ、って思えるんです。「やるべきことをちゃんと続けていれば、必ず結果につながる」という自信があるんだと思います。

僕がナンバー1になり、それをキープしていられるのは、頑張り続けているからです。結果を出している以上、僕のやり方は間違っていないはず。

だから僕は、**「自分がしてきたこと」を信じることができます。一時的にうまくいかないことがあっても、普段通りに続けていけば大丈夫、と思える。**実際、今まで一度も「落ちたまま上がれなかった」ことはありません。

「自分のしてきたこと」を信じる気持ちは、これからも簡単にはブレないと思います。そして自分を信じる気持ちがあるから、モチベーションをキープすることもできる。やればできる、って信じて頑張り続けることができるんです。

目標に向かって真剣に頑張れない人間を「推して」くれる人なんていない。

仕事のモチベーションをキープするためにも、目標は絶対に必要です。売上や指名本数のように、数字で結果が出るものでなくてもいい。とにかく自分なりの目標を決めること。そしてそれを達成するために、できることはすべてする。これが仕事の基本だと思います。

目標を決めたら、それをお客様に伝えることも大切。ホストの仕事には、お客様の応援が欠かせないからです。

でも目標をシェアすることには、リスクもある。お客様は、担当ホストのことを意外によく見ています。「○○が目標」と言っておきながらそのための努力をしていなかったら、口先だけだと思われてしまいます。

そんな口先だけの目標をシェアしたいと思うお客様なんていないし、結果を出すための努力もできないホストを応援したいと思うお客様も、いるわけない。

お客様に言ったからには、まずは自分が精一杯頑張らないと。真剣に努力していることが伝わって初めて、お客様からも「推して」もらえます。「頑張って目標を達成したい」という自分の気持ちと、「応援したい」というお客様の気持ちがリンクしたとき、初めて自分がお客様の「推し」になれるんじゃないかな。

目標は、結果がわかりやすいものがいい

目標を伝えるときは、具体的に表現することもポイントです。お客様の側に応援したい気持ちがあっても、どうすればいいのかわからないことも多いからです。

たとえば、漠然と「お金を使ってほしい」みたいなことを言われても、困ってしまうと思う。なんのために、どのぐらい、などのゴールが見えていないと、自分がどこまでやればいいのかわからないから。

だからといって、いきなり「月の売上でナンバー1になりたい」と言われるのも厳

しい。お客様は、ホスト全員の日々の売上をチェックしているわけではないし、お客様ひとりの力でナンバー1にするのも難しいことがほとんどだから。

それより、すぐに結果がわかる「目に見える目標」を伝えたほうがいいと思います。たとえば、「今日のラストソングを歌いたい」とか。「あとこのぐらい売り上げれば昇格できる。だから今日、これだけ数字を上げたい」とか。

目指すところがはっきりしていれば、達成できたかどうかがお客様にもすぐわかります。そして達成したときのうれしさや、できなかったときのくやしさも共有することができるんです。

「応援する」から「自分も頑張る」へ

「目標を達成したい」「応援したい」という気持ちを共有すれば、お客様も「頑張ってね」じゃなくて、「一緒に頑張ろう」と思ってくれるようになります。目標を達成したとき、応援しているホストのために喜ぶだけじゃなく、お客様自身も喜びを感じるようになるんです。

そうなると、お客様が「自分用の目標」を持つようになってきます。たとえば僕が、

「今日は先輩のAさんに勝つ」という目標を伝えると、お客様が自然に「Aさんのお客さんに負けない」という目標を持ってくれるんです。

こちらからあれこれ言わなくても、お客様自身がAさんを意識して、負けないようにと頑張ってくれる。担当ホストとAさんの勝負が、それぞれのお客様同士の勝負にもなってくるわけです。

こんな勝負に勝ったときは、お客様の満足感も大きい。その気持ちよさをまた味わいたくて、「もっと応援しよう」と思ってくれるんです。

もちろん、頑張ってくれるお客様には「ごほうび」もあげちゃいます。僕たちだって、目標を達成した先には「いいこと」があるんだから。

ごほうびの内容？　……それはお楽しみ♡

仕事は店内だけでするんじゃない。「越前リョーマ」ブランドの価値を下げないことも大切な仕事。

トップの成績をキープしているうちに、「越前リョーマ＝ナンバー1ホスト」のイメージが定着してきました。それと同時に、自分の中でも「ナンバー1の自覚」が出てきた気がします。

一般企業では、いろいろな慣例や上司の査定があったりするから、成績がいいだけじゃ昇進できません。若すぎる、上司との相性が悪い、なんて理由で昇進できないこともあると思います。

でも、ホストの世界はシンプル。たとえ若すぎたとしても、人望と売上で昇格が決まります。

僕は、ナンバー1になってからもしばらくは後輩として指導してもらえる立場だったのが、あるとき昇格して取締役の肩書がつくと、それをきっかけに「もっとしっかりしなくちゃ！」と思うようになりました。自分のために頑張るだけじゃなく、お店を引っ張っていく立場になったんだ、と実感したからです。

お客様の中には、初回から「このお店のナンバー1をつけて」と指名してくれる方がいます。この場合、僕だから指名しているんじゃない。外見や性格じゃなくて、「ナンバー1であること」に魅力を感じているんです。

ナンバー1を指名するということは、その分、期待も大きいということ。だったら、それを裏切りたくない。**ナンバー1の名に恥じないような自分でいなきゃいけない、**と思っています。

いつだって緊張感を忘れない

知名度が上がるのと同時に、「見られること」も意識するようになりました。顔と名前が売れてくると、「越前リョーマ」として見られることが増えてくる。「たくさんいるホストのひとり」だったときには、僕のちょっとした言動なんて誰も気にしなかったと思う。でも今は、ちょっとした振る舞いまで注目されてしまうことがあります。だから以前より、お店の外でも緊張感を保つようになりました。新人の頃は、仲間と飲みに行って酔っぱらって、ちょっと恥ずかしい行動をとってしまったこともあります。でも今は、酔っぱらってもみっともない真似はしなくなった……と、思います。

いつどこで、誰に見られているかわからないから、人に見られて恥じるようなことはしたくない。そんな風に思うのは、「越前リョーマ」と「Dew'l のナンバー1」が必ずセットになっているからです。

僕がみっともないことをしたら、僕自身の評判が悪くなるだけじゃない。僕が働くお店のイメージにまで傷をつけてしまうことになります。それだけは、絶対にしたくない。

だから僕は、お店の営業時間外も決して気を抜かない。**「越前リョーマ」と「Dew'l」というブランドの価値を守りたいから、外見も、振る舞いも、24時間「越前リョーマ」であり続けます。**

楽なことじゃないけど、しなくちゃいけない。いや、やるのが当たり前。だって僕はナンバー1ホストで、これからもナンバー1でいたいと思っているんだから。

知名度もブランド力も、無敵なわけじゃない

名前と顔が売れてきて、いつの間にか「ホストの神」なんてキャッチフレーズまでつけてもらいました。知名度とブランド力が上がったことで、仕事が楽になった部分があるのは事実です。

でも、自分がただラッキーだった、とは思いません。ここにたどり着くまで、できる限りのことをやってきたという自信があるから。

同時に、自分が無敵だとも思ってません。いい気になって手を抜いたら、すぐに落ちるだけってわかっています。

だからこれからも、努力することをやめない。

初めてナンバー1のコールをしてもらったとき、「頑張ればトップになれるんだ」って、泣きたくなるぐらいグッときた。あのときの気持ちは、今でも忘れていません。

それどころか何度でも味わいたいから、僕は上を目指し続けるんです。

一瞬の価値を高めるために、相手の気持ちを考えながら「濃い時間」をつくり出す。

後輩から相談を受けたとき、僕がよく指摘するのが「時間の使い方」について。**時間の「長さ」は平等だけど、使い方を工夫することで「価値」は変えることができる**からです。

相談内容としてよくあるのが、お客様のために時間をたくさん使っているのに、全然振り向いてもらえない、というもの。

どんな風に連絡をしているのか、どんな誘い方をしているのか、どこでどれくらい会って、何を話し、何をしているのかを聞くと、せっかく時間を使ってもムダだったね、と言いたくなることがとても多いんです。

「時間の使い方」が大切だと気づいたのは、ナンバー1になって顔と名前が売れてきた頃からです。お客様が増えたのはうれしいけれど、指名卓がいくつもかぶるし、アフターもひとりではすまない。どう頑張っても、ひとりひとりに長い時間を割けなくなってしまったんです。

時間をかけられないなら、短い時間で満足してもらうしかない。そのためには、どうすればいいか？ と真剣に考えました。

忙しいのは事実だけど、「忙しいから、これで我慢して」みたいなやり方はしたくなかった。お客様は一緒に過ごす時間を楽しむために来てくれるんだから、自分の都合を押しつけるのはちょっと違うな、と。

僕は、お客様と長くつき合いたいと思っています。会いに来てくれた子にはみんな、「また来たい」と思いながら帰ってほしい。

一度でも雑な扱いをしたら、その子との関係はたぶん続かない。それなら時間をかけられない分、ひとりひとりと丁寧に向き合って、「濃い時間」を過ごせるようにしよう、と思うようになりました。

ムダどころかマイナスになる時間の使い方

あるとき、アフターに行った後輩が、あっという間に帰ってきたことがありました。たまたま気づいた僕も、「え？　もう帰ってきちゃったの？」と思ったぐらいの早わざ。

でもその直後、お客様から「あれだけだったら、別に時間をつくってくれなくてよかった」みたいなＬＩＮＥが来たらしく、「どうすればいいと思いますか？」と僕に相談してきたんです。

あんな短い時間で何をしてきたのか聞いたら、ラーメンを食べてきた、と。僕は思わず、「それじゃ行くだけムダだったよ。むしろ行かないほうがよかったね」と言ってしまいました。

担当ホストとアフターに行くことになって、お客様は楽しい時間を期待したはずです。彼の仕事が終わるのを待つ間も、どこに連れていってくれるのかな、なんて期待していたと思う。それなのに、ラーメン1杯食べて10分で「じゃあね」なんて……。

期待が大きいほど、それが裏切られたときのがっかり感も大きくなる。当然、自分をがっかりさせたホストの印象も悪くなります。

後輩はわざわざ時間を使って、自分の好感度を下げに行ったようなもの。そんなことをするぐらいなら、アフターを断ったほうがずっと傷が浅かったと思います。

時間よりも相手の満足度

本当に忙しくて一緒にいられなかったのなら、アフターをOKする段階でそのことを伝えておくべきだと思います。彼の都合がわかっていれば、それでもアフターに行くかどうか、お客様自身が選べるからです。

短時間ではもの足りないなら、女の子側から「忙しいなら今日はやめておく」って言える。反対に、女の子の側も「10分でもいいから、何か食べに行こう」と思ってくれるのなら、一緒にラーメンを食べるだけでうれしかったはずです。「忙しいのに私と過ごす時間をつくってくれたんだ」と満足し、貴重な時間を楽しんでくれたと思います。

後輩のミスは、「とりあえず行けば喜んでくれる」と思ってしまったこと。たとえ10分でも行かないよりはいい、と考えたんだと思います。でも本当に大切なのは、アフターに行くことでお客様に「満足してもらう」こと。「アフターに行った」という事実をつくればいいってわけじゃない……と、後輩にはアドバイスしました。

限られた時間で、どうやって相手を満足させられるか。これは、僕にとっても大きな課題です。何をするべきか考えるとき、いつも浮かんでくるのがディズニーランドのアトラクションです。

待ち時間は何時間もあるのに、実際のお楽しみはほんの数分。それでもお客様は大満足し、さらに「また来たい」と思う。**価値のある時間を演出すれば短時間でも人を満足させられる、**というお手本です。

僕も、いずれはディズニーランドと肩を並べられるようなホストになってやる！と思っています。

ライバルは、ディズニーランド。

待ち時間が長くて、楽しみはほんの一瞬。
それなのに人を満足させる。
“また来たい”と思わせる。

病んでる時間がもったいないから、悩まない。寝るか忙しくして強引に目をそらせ。

仕事にはうまくいくときもあれば、うまくいかないときもある。思ったように売上が上がらない日は、僕にもあります。でも、落ち込まない。いや、落ち込まないようにしています。

悩みを相談してくる後輩には、「いつも忙しくしておけ」と言います。**わざと用事を詰め込んで、「やらなければならないこと」でスケジュールを埋めてしまうといい、**って。

こんなことをするのは、考える時間をなくすためです。ひとりで悩んでいると、必要以上に自分を追いつめてしまう。

そもそも、「考えないようにしよう」と頑張るのはムダ。「もう考えない!」なんて思うほど、モヤモヤ、グルグル同じことが頭に浮かんできてしまうからです。だから、無理やり「悩みたくても悩めない環境」をつくるんです。

仕事や遊びで誰かと一緒にいれば、自分の悩みごとばかり気にしていることはできません。やるべきことがたくさんあれば、その対応や段取りなどに気をとられるからです。

こうして強引に悩みから目をそらしていると、モヤモヤ感は自然に薄れていきます。そして時間が経てば、悩んでいたことも忘れてしまえる。

僕の場合は、「寝る」のも有効です。気になることがあっても、ひと晩寝ると気持ちが切り替わる。寝る前は「ああ、やっちゃったな」なんて引っかかることがあっても、朝になれば「そういえば昨日、あんなことがあったっけ。でも、まいっか」なんて思えます。

落ち込んでも、いいことなんてない

僕も以前、かなり落ち込んで、社長に相談したことがありました。社長は、「つらいのは今だけ。時間が経てば忘れていく」と言ってくれました。そして実際、その通りでした。

そのとき、1番助けになったのは仕事です。ひとりでいるといろいろ考えちゃうけど、お店に行けば仲間がいるから気が紛れるし、忙しく仕事をしていれば余計なことを考えずにすんだ。いつも通りに頑張って仕事をしているうちに、悩んでいたことすらも、いつの間にか忘れていました。

このときに気づいたのが、落ち込んでも自分にとってプラスになることなんかひとつもない、ということ。

どんなに悩んでも、自分や周りを責めても、それだけじゃ何も解決しません。それどころか、悩みに引きずられてやるべきことができなくなったり、どんどん自信がなくなっていったり。仕事にもプライベートにも、マイナスの影響しか及ぼさない。

こんなことに時間をとられていたら、絶対に後悔する。ムダに悩んでいないであれをやっておけばよかった、落ち込んでいる間にこんなことができた、って。

どれだけ深く真剣に悩んでも、起こってしまったことは変えられません。だから、病んでる時間なんてムダでしかない。

反省の目的は改善点を見つけること

失敗したときに必要なのは、「反省」すること。悩んでも自分の役に立つことは何もないけど、反省すれば次に生かせます。そして反省の目的は、自分を責めることではなく、改善点を見つけることです。

失敗したのなら、その原因を探す。原因がわかったら、次はどうすれば失敗しないかを考える。その答えが見つかったら、反省は終わり。**改善点だけを覚えておいて、失敗したことについてはクヨクヨ悩まない。**

こんな風に切り替えるのは、簡単なことじゃないと思います。でも仕事をしていくうえで、失敗や不調を避けて通ることはできません。自分の気持ちが落ちかけたとき、「たまにはこんなこともある」「次はこうすればいい」って思える人間のほうが、絶対に強い。

小さなつまずきでモチベーションを下げないためにも、自分なりの「落ち込み防止法」を知っておいたほうがいいと思います。悩まずに反省し、次につなげる意識を持てることは、きっと大きな武器になるから。

価値を高める努力は惜しまない。人は「価値のあるもの」にそそられるから。

ものを買うとき、僕はあまり値札を見ません。パッと見てほしいなと思うようなものを買えるぐらいの経済力はあるし、ケチな男でありたくないというプライドもあります。

ホストは、「お金を払って会いにきてもらう」仕事。それに見合う自分でいなければ、お客様に失礼だと思います。

お客様が会いに来てくれるのは、「ナンバー1ホストの越前リョーマ」です。当然、「リョーマだったら、このぐらいのものを持っている」「リョーマだったら、こんなことをしてくれる」などのイメージがあるはずです。

お客様のそんな期待は、絶対に裏切っちゃいけない。だから僕は、身に着けるものや持ちものにも気を配るし、美容クリニックでのスキンケアなどもこまめに行っています。**自分に対してケチることは、自分自身のブランド価値を下げることにつながる**と思うから。

もちろん、他人に対してもケチってはダメ。自分がケチったら、その分、相手もケチになります。

「越前リョーマ」への期待にしっかり応える

僕は、お客様への誕生日やクリスマスのプレゼントも、ひとりひとりの好みを考えて選びます。

ですが、たとえばたくさん会いに来てくれる子が年に数回しか来ない子と同じようなものをもらったら気分はよくないはず。お客様には公平に接するけれど、相手による「区別」は必要だと思います。

また、食事に行くときは、お客様の好みに合っていることに加え、「ナンバー1の越前リョーマ」と過ごす場所としてふさわしいランクのお店を選びます。

たとえ料理の味が同じでも、居酒屋に行くより、フェラーリの助手席に乗って高級店に行ったほうが、女の子は優越感に浸れる。お客様が喜んでくれるだけじゃなく、僕自身の「ナンバー1」のイメージを守り、僕と過ごす時間の価値を上げることにもなります。

安心を与えすぎると、自分の価値が下がる

お客様は、価値のあるホストをより応援したいと思うものです。

お客様の数が少ないホストと、たくさんお客様を抱えているホスト。女の子は、どちらに価値を感じるか？　確実に、後者のホストです。ライバルが多い分、安心感がなく、**自分が頑張らなければ振り向いてもらえない、手に入らない。そう相手に感じさせることも、自分の価値を上げることにつながります。**

だから、「安心を与えすぎない」ことも大切です。相手にとって「安心な人」になってしまうと価値が下がるし、最終的には飽きられてしまう。

「価値を感じさせる」ためには、簡単には手に入らない男でいることも必要なんじゃないかな。

頑張らなくても
手に入るものは、
価値が下がる。

過去より未来より、大切なのは「今」。「今できること」をやりつくしたい。

ホストは、日々の成績がそのまま収入に反映される仕事です。頑張れば短期間で大金を稼ぐこともできるため、この仕事をしている人の中には「自分の店を持つ」「別のジャンルで起業する」など、次のステップを考えている人もたくさんいます。でも僕には、いわゆる「将来の夢」がありません。

その理由は、「今」のことしか考えていないから。

僕にとって大切なのは、とにかく「今」。過去は変えられないし、未来は予測できない。だから「今」に集中したいんです。

仕事の面でも、この感覚は同じ。たとえば自分がトップで2位と差が開いている場合、余力を残して来月に備える人が多いと思う。でも僕は、そんなときでもセーブしません。

ほぼ確実に1位になれるとわかっていても、どこまで行けるかチャレンジしたい、という気持ちのほうが強い。来月より「今」が大事だと思っているから、締日まできっちり全力を出します。

頑張った「今」を積み上げる

売上の大幅アップが期待できるバースデイ月に備えて、お客様に「来月バースデイだから、ちょっと貯金しておいてね！」なんて頼んだりするような、そういう作戦はあって当たり前ですが、僕はそういった根回しはしません。

それよりも、**毎日頑張って、その結果を積み重ねていくほうが自分に合っているから。**

こんな考えのベースにあるのは、「人間、いつ死ぬかわからない」って気持ち。ためておいたお金を持ったまま「ああ、早く使っておけばよかった……」とか、いい加減な仕事をして「もっと頑張っておけばよかった……」なんて後悔するような最期は絶対に嫌です。

やれることはやりきっておきたいから、いつでも「今」に全力を注ぎたい。「今」のために、自分の力を使いきりたい。

第3章

「お金を払ってでも会いたい人」になれ。

「いい人」は嫌われない。でも、やさしいだけのいい人に男としての魅力はない。

16ページでも書きましたが、「Dew'l」で仕事を始めてすぐに社長に言われたのが、「女の子にやさしすぎる」という言葉です。その頃の僕は、指名は多いのに売上が少なかった。自分でもそのことに気づいてはいたけれど、原因が自分にあるとは思っていなかったんです。

「やさしすぎる」の意味が、最初はよくわからなくて、とりあえずやってみたのが、ただ冷たくしてみること。「やさしい」の反対は「冷たい」だから……なんて、単純に考えたんです。

とにかくすべての対応を、クールにそっけなく。たとえばお客様から「今日、仕事が大変だったんだ」なんてLINEが来ても、返信は「お疲れ〜」のひと言とか。いくらなんでも、ひどすぎます。冷たさの表現がわからなくなってきて、妙にオラついていた時期もありました。とにかく、「やさしすぎる」という社長の言葉の答えを探して、いろいろなことを試しました。

でもそんなことをしているうちに、かえってお客様が寄ってこなくなってしまって。同時に、本当の自分とあまりにも違うキャラを演じていることにも違和感を覚えるようになりました。

さんざんトライ&エラーを繰り返してやっと気づいたのが、社長は「やさしくするな」と言ったわけじゃない、ということ。お客様と接するときのやさしい態度が問題なわけではなくて、ホストの仕事をする以上、「やさしくしているだけじゃダメだ」ってことを教えてくれたのかな。そんな風に、ピンときたんです。

「いい人」をやめたら売上が伸びた

学生時代にホストの仕事を始めてからずっと、僕はお客様にやさしくすることを最優先してきました。わがままもすべて受け入れたし、相手の気持ちを先読みしてなんでもやってあげる、みたいな部分もありました。でもそれは、やりすぎだったのかもしれない。

僕がしていたことは「やさしさ」を通り越して、「言いなり」でした。女の子にとって**「やさしい人」どころか、「自分の言うことをなんでも聞く人」になっていたんです。つまり、「都合のいい人」。**

だからある時期から、「いい人」をやめました。嫌なものは嫌、できないものはできない。自分の気持ちを正直に伝えるようにしてみたんです。その結果、僕の売上はどんどん上がっていきました。

言いなりになるペットに魅力はない

彼女になんでもしてもらえると、男はダメになります。それと同じで、男がなんでもしてあげると、女の子は甘えすぎてしまうんだと思います。

以前の僕は、お客様は「自分がしてほしいことをしてもらう」ことを喜ぶものだと思っていました。だからやさしく接して、相手の言うことには逆らわず、無理めなわがままも聞いてきた。

その結果、「いい人」である僕に会いに来てくれるお客様は増えました。でも、売上は少ない。つまり、僕に会って楽しみたいけれど、そのためにお金をたくさん使おうとは思わないわけです。

たぶんそれは、僕が「言うことを聞くのが当たり前」のペットみたいな存在になっていたから。ペットを振り向かせるためにお金を使う人なんて……いるわけないんです。

個人差はあるけど、女の子には「リードされたい」という願望があると思います。自分の思い通りにするのも楽しいけれど、男に引っ張ってもらうことにも刺激がある。お金を払ってホストクラブに楽しみにくるお客様は、そんな刺激を求める気持ちが強いような気がします。

だから**僕は、「言うことを聞く側」から「リードする側」に変わろうと決めました。**

たとえ相手がお客様でも自分の意志は曲げないし、言うべきことは言う。お店以外の場所で会うときも、誘うのは必ず僕から。女の子からアフターに誘われても、「行くときは僕から誘いたいから」と正直に伝えて、その日は行きません。

「いい人」でいれば、嫌われることはありません。でも、男としての魅力もあまり感じさせないんじゃないかな。だって、刺激がないから。

「小さな命令」を積み重ねて、自分が相手をリードする関係性をつくり上げる。

お客様をリードする側に回るためには、その場の主導権を握る必要があります。さりげなく主導権を握る方法として、社長から教わった技があります。それは、「小さな命令」をすること。

命令といっても、いばった態度で「これをしろ」なんて言ったら拒否されるし、僕もそんなことはしたくない。**最初は本当に「小さいこと」を頼めばいいんです。たとえば、「そのペンをとってくれる？」とか。**実はそのペンが僕が手を伸ばせば届くところにあったとしても。

一緒に食事に行ったときも、女の子に料理をとり分けてくれるように頼みます。マナーとしては接客するホスト側がやるべきだけど、そこをあえてやってもらうんです。女の子にしてみれば、「ちょっと言われたことをしてあげただけ」という感覚だと思います。でも簡単にできることであっても、そして頼むときの口調が「お願いする」スタイルであっても、「僕の言うことを聞いた」のは事実なんです。

僕が頼んで、お客様が従う。つまり、主導権は僕にあるということです。**この行動パターンを定着させてしまえば、女の子は僕にリードされることを自然に受け入れるようになります。**

お酒は「飲ませる」ことを意識する

お酒を飲むときも、「小さな命令」をするチャンスです。たとえば、お酒のグラスを渡して、「はい、グイグイ」なんて声をかける。言われたお客様のほとんどは、その場のノリですぐに飲みます。

お客様に飲ませるのは、酔わせるためではありません。僕に言われたから飲む、という既成事実をつくることが目的です。

もちろん女の子はそんな風には受け止めないので、楽しく飲んでいるだけのつもり。

でも見方を変えれば、僕の命令に従って「飲まされて」いることになるんです。

もちろん、ホストにお酒を飲ませようとするお客様もいます。勧められたら飲んでもいい。でも、自分が飲まされてばかりではダメです。勧められて飲む＝相手の命令に従っているということ。この流れだと、自分はお客様にとって「言うことを聞く男」になってしまう。

そんな関係性をつくらないためにも、僕は「お客様に飲ませる」ことを意識しています。勧められたときには、「じゃあ一緒に飲もうよ」って言うこともある。これで女の子も飲めば、僕が主導権をとり返したことになるからです。

小さな命令を大きな命令に変える

女の子をリードする立場にこだわる理由は、ふたつあります。

ひとつ目が、お客様に喜んでもらうため。僕は、「いい人」から「リードする側」に変わる努力をしたことで、売上が大きく伸びました。売上が上がったということは、ホストにリードされるスタイルのほうがお客様の満足度が高い、そう考えていいのかな、と思っています。

ふたつ目が、自分の価値を下げないため。女の子にとって「言いなりになる男」の価値は低い。そんな男のために使いたいと思う金額なんて、たかが知れています。

お客様との間で主導権を握るためには、日頃の関わり方が大切です。だからコツコツ、「小さな命令」を積み重ねていく。女の子が嫌がらない、むしろ喜んだり楽しんだりするような命令を。

これを続けるうちに、いつでも僕がリードするのが当たり前、という関係性ができあがります。そうなると、命令のレベルアップも可能になります。

「そのペンをとって」から始まったものが、いつの間にか「シャンパン入れて」になっているわけです。まあこれは、「ホストとお客様」という関係だから起こる、特殊な例ですけど。

人を楽しませたいなら、自分が話すより相手の話を引き出す努力をする。

僕がホストを始めた頃は、初めてのお客様につくときは「入り方」を大切にしろ、みたいなことをよく言われました。とにかく第一印象でインパクトを与えろ、と。

当時の同僚の中には、いわゆる「つかみ」のネタを持っている子もいました。たとえば「りく」という子は、少し離れたところから「ブーン」と飛行機の真似をしながらテーブルまでやって来て、「着陸！」と座る。お客様には、まあまあウケていました。

りくみたいな体を使ったネタもいいけど、実際にやるのはちょっと恥ずかしくて、僕にはできませんでした。じゃあ、何かおもしろい話を仕込んでおこうか……とも思ったけれど、それも難しかった。

お笑い番組を見てトークの勉強をしたり、それなりの話題を考えたりもしてみたけれど、僕は何かを覚えておくことが苦手。前もってどんなにいいネタができていても、お客様のテーブルにつく頃には忘れちゃうんです。

そんなわけで、僕はいつもその場のノリと勢いで乗りきっていました。もともと人と話すのは苦手じゃないし、大学時代、イベントサークルでいろいろな人と飲んだ経験もあったから、特に困ることはありませんでした。

今はいろいろなタイプのホストがいるけれど、当時は「おもしろい人」「しゃべれる人」が売れる、という雰囲気。僕ももちろん成績を伸ばしたかったので、にぎやかに盛り上げて、飲ませて……みたいな接客をしていました。でも毎日続けていくうちに、「ちょっと違うかな?」と違和感を覚えるようになったんです。

お客様がどれだけ話したか

ホストクラブのお客様は基本的に女性ですが、別のお店で働くホストがお互いの店を訪ねることもあります。業界内のおつき合いを通して人脈を広げることができるし、他店の雰囲気や接客を見ることが勉強にもなるからです。

いくつかのお店に行ってみて、気づいたことがありました。あるお店に行ったときは、同席したホストが一生懸命場を盛り上げようとしてくれました。でも彼がバーッと一方的に話すので、僕と先輩は「あ、はい」と聞く側に回るしかない。僕は途中から、なんだか疲れてきてしまったんです。ここに何しに来てるんだろう？　って。

でも別のお店に行ったときは、家に帰ってから「ああ、楽しかったな」と思ったんです。この違いはなんだろう？　と考えてみました。

僕の出した答えは、「しゃべったのがホストか、自分か」で満足度が変わるということ。

あまり楽しめなかったお店では、ほとんどホストがしゃべり、僕たちは聞き役でした。でも「楽しかった」と感じたお店では、僕もかなりしゃべっていた。ついてくれたホストが、上手に僕の話を引き出してくれたからです。

最高におもしろいネタを聞かされるより、自分がしゃべったほうが楽しい！　こんな発見をしたことをきっかけに、僕は「お客様にしゃべってもらう」ことを目指すようになりました。

「相手に話してもらう」ための話題を選ぶ

「初対面の人とは話しづらい」という人は少なくありません。でもそれは、「自分がしゃべろうとしている」からなのかもしれません。「相手にしゃべってもらう」と発想を変えると、話題はたくさんあります。

たとえば、持ちものや身に着けているもの。「そのバッグ、どこで買ったの？」「珍しいデザインのピアスだね」なんて聞くだけで、話のきっかけになる。その答えを聞いて、話を広げていけばいいんです。

相手が興味を持っていることについて、何も知らなくても大丈夫。「知りたいから、もっと教えて」という姿勢でいれば、どんどん話を引き出せます。**相手のことがわかってくるのは自分にとっても楽しいし、好きなことをたくさん話せたことで、相手も楽しんでくれる**はずです。

「俺」をアピールしてくる男より、相手のことを知ろうとする男のほうが魅力的に見える。

僕の勝手なイメージだけど……「自分から合コンの仕切り役になる男」はモテないと思います。

なぜかというと、必要以上に「頑張ってる感」を出してることが多いから。「明るい自分」「リーダーシップがある自分」をアピールしたい！　みたいな狙いが透けて見えてしまうんです。

たしかに仕切り役は必要だけど、だからといってグイグイ前に出てくる必要はない。静かに仕切ることだってできるはずなんだから。

それなのにやたらと張り切られると、「なんでこの人、こんなに出しゃばってるんだろう？」なんて気持ちにさせられます。

もしかしたら本人は、本気で「みんなのために」と思っているのかもしれません。でも残念ながら周りには、自分のためにしているように見えてしまうんじゃないかな。

たぶんそれは、「自分が仕切らなければ」「自分が盛り上げなければ」という気持ちが強いからだと思います。でも実は、それだとほかの人はあまり楽しめない。席決めもお酒のおかわりの注文も、全部仕切り役のペースに合わせなくちゃいけないことになるからです。

参加者にとっては、それぞれが自分のペースを守れたほうがいい。仕切り役にあれこれ指示されるより、自由に飲んだり話したりしたほうがずっと楽しめるんです。

「合コンの仕切り役」が魅力的に見えないのは、結果的に**「どうすれば相手が楽しめるか」という視点が欠けている**からだと思います。

聞く側に回ると、相手のことを知りたくなる

「しゃべれるホストが売れる」と言われていた頃、僕も無理やりしゃべろうとしていました。でも、お客様はそれほど楽しんでいなかったと思う。

最初の数分ぐらいだったら「よくしゃべる人だな〜」ですむけど、テーブルにいる間ずっとベラベラ。「もういいんですけど」なんて鬱陶《うっとう》しく思ったお客様も多かったんじゃないかと思います。

この時期の僕の接客は、「しゃべれる俺」「盛り上げ上手な俺」を押しつけていたようなもの。モテない「合コンの仕切り役」に似ていたかもしれません。

お客様は、楽しむためにホストクラブに来ます。でも、その「楽しみ」は、ホストの漫才を聞くことじゃない。本当に楽しかったな、来てよかったな、と思ってもらうためには、お客様自身に話してもらったほうがいい。

そのことに気づいてから、僕は自分より女の子にしゃべってもらう接客をするようになりました。そして**聞く側に回ったことで、相手のことを理解したい、という気持ちも強くなった**ような気がします。

同時に、お客様との距離の詰め方も変わりました。いきなりグイグイ踏み込むのではなく、まずその子のことを知ってから、相手に合わせて話し方や接し方を徐々に変えていくようになりました。

自分に興味を示さない人には本気になれない

ルックスもいいし、しゃべりもそこそこいけるのに、あまり指名がとれないホストもいます。「一緒にいるのは楽しいけど、ヘルプでいいや」と思われてしまう。

こんなケースの原因のひとつが、ホストがお客様に「興味を示さない」ことです。女の子にしてみれば、「本当に、私に指名してほしいと思ってるのかな?」と感じてしまい、自分が彼に必要とされているという確信が持てないので、本気で応援する気になれないいんです。

人は、「自分に興味を示してくれる相手」に好感を持つもの。だから、お客様を知ろうとすることは大切です。

相手に本気で興味を持ち、「もっと知りたい」という気持ちを示す。自分をアピールするより相手を理解しようとするほうが、「モテ」への近道になると思います。

上の立場の人間は下への投資を惜しんじゃいけない。と、社長が教えてくれた。

「Dew'l」の社長がよく言うのが、**「上は下に金を使え。下は上に気をつかえ」**。有言実行、社長は本当にこの通りの人です。スタッフはみんな、いろいろなところに食事や遊びに連れていってもらってる。おまけに「Dew'l」の社員旅行は、積立金ゼロ！という気前のよさです。

社長を近くで見るようになって、僕自身にもケチなところがなくなりました。お金は使えば使うほど、ちゃんと自分に返ってくる、ということも実感しています。

僕は今、後輩を育てることも期待される立場になっています。普段から心がけているのが、僕が社長にしてもらったことを後輩たちにしてあげよう、ということ。

僕が成長することができたのは、社長にいろいろなことを教えてもらい、面倒を見てもらったからです。今度は僕が後輩たちのケアをして、成長を助ける番だと思います。

お店が終わった後、よく後輩と食事に行くのですが、そんなときは、できるだけいいお店を選ぶようにしています。後輩がまだ自分のお金では行けないランクのお店に連れて行ってあげたい、と思うから。

いいお店を知ることは経験にもなるし、「いつか自分も、この店に来られるようになろう」というモチベーションにもつながります。でもそれより、自分が連れてきてもらったことを覚えておいてほしい。**そして自分が後輩を持つ立場になったとき、後輩に同じことをしてあげてほしい、と思っています。**

あのつらさを、後輩には感じさせたくない

仕事柄必要でもあり、僕自身もファッションが好きなので、いつの間にか洋服が増えてしまいます。だから、数回着た服はまとめてお店に持っていき、後輩にあげることにしています。

でも、ただあげてしまってはつまらないので、「今日の売上がよかった順に、好きなのを持っていっていい」「1番指名が多かった子から取っていい」なんて条件をつけています。みんなのモチベーションアップに、それなりに役立っているかもしれません。

まだ売れていない頃、僕は洋服が買えない時期がありました。仕事のためにもいい服を着たいのに、手が届かない。あのときのつらさは、今でも覚えています。後輩たちには、あんな思いをしてほしくない。服をあげるのには、そんな理由もあります。

僕たちにとって、身に着けるものには大きな意味があります。いい服を着れば自信が持てるし、自信は売上につながる。僕はそれを実感してきました。だから後輩には、僕の服をどんどん役立ててほしい。

上の立場の人間が後輩にお金を使うのは、当然のことです。上は下への投資を惜しんじゃいけない。だって、自分も同じことをしてもらって、成長することができたんだから。

「上は下に金を使え」。今の僕にできるのは、社長から教えてもらったこの考えを、下の世代にしっかり送ること。僕が「金を使った」後輩たちが、いつか彼らの後輩に同じことをしてあげられるように。

上は下に金を使え

下は上に気をつかえ。

ギブ&テイクができないと、よい関係は続かない。

僕は、嫌いになる人はあまりいないけれど、苦手な人はいます。それは、うそをつく人と、ギブ&テイクができない人。

もちろん相手を傷つけないための小さなうそは、必要なこともあります。でも、それ以上のうそは、あまり受け入れられません。

たぶんそれは、僕がバカ正直なタイプだから。ちょっとしたことでも、うそをつくと罪悪感を覚えちゃう。たぶん、顔にも「うそついてます」と出てると思います。ホストとしては、完全にダメですけど。

ギブ&テイクに関しては、人づき合いの基本だと思っています。自分がやってもらうことばかり求める人とは、仕事でもプライベートでも仲よくしたくありません。たとえば、誰かが僕の誕生日を祝ってくれたとします。その人の誕生日をスルーすることなんて、僕にとってはあり得ない。

自分が何かをしてもらったら、お返しするのは当然のこと。**「してあげる」と「してもらう」のバランスをきちんととれる人でなければ、お互いにとってよい関係は続かない**と思います。

花束をギブしてシャンパンをテイク！

歌舞伎町でホストを始めて間もない頃、知り合ったばかりのお客様に花をプレゼントしたことがあります。彼女は、それほど派手にお金を使うわけではないけれど、お店にはよく来てくれるお客様。たまたま彼女の誕生日に来店してくれたので、花束を用意しておいたんです。

それほど盛大に祝ったわけではないし、僕としては「せっかく来てくれるんだから、お祝いをしてあげよう」ぐらいの軽い気持ちでした。そうしたら彼女はその日、いきなりシャンパンを入れてくれたんです。これまでそんなにお金を使うことはなかったので、かなり驚きました。

それをきっかけに、彼女は多額を使ってくれるようになりました。なんとなく気になっていたので、本人に聞いたことがあります。どうしてあの日、シャンパンを入れてくれたの？　って。

彼女の答えは、「わざわざお祝いをしてくれて、いい人だなって思ったから」。まだ通い始めて日が浅いのに祝ってもらったことがうれしくて、何かお返しをしたいと思った、と。

僕は、お返しを狙って花を贈ったわけではありません。お客様をちょっと喜ばせたかっただけ。その気持ちが彼女に伝わり、彼女も僕を喜ばせようとしてくれた。**結局、ギブ＆テイクって、お互いを思いやることなのかな？　という気がします。**

〝してもらう〟と
〝してあげる〟の
バランスをとるって
結局、お互いを
思いやること。

LINEのやりとりで大切なのは、「速さ」でも「回数」でもなく「内容」と「タイミング」。

ホストにとって、お客様と連絡をとり合うことは基本中の基本です。新人の頃から、とにかく「連絡をマメにしろ」「店外で会う時間をつくれ」と言われます。

ただし、こうしたアドバイスを言葉通りに捉えるだけではダメ。お客様からのLINEにはどんなときでもすぐに返信するとか、やたらと店外で会うとか、ただそんなことをしていても効果は出にくいんです。

大切なのは、「速さ」でも「回数」でもない。「内容」と「タイミング」です。

たとえばLINEのやり取りなら、「マメ＝レスポンスが速い」と考えがち。でも

本当の意味の「マメ」とは、きめ細かく相手の情報を把握し、相手のことを考えて行

動する、ということです。

内容やタイミングを考えることに時間をかける

極端に言えば、連絡は1日1通のLINEでもいいんです。そのかわり、相手の仕事が終わる時間に合わせて送る。たった1通のメッセージでも、「自分の仕事が終わる時間を覚えていてくれたんだな」と感じて喜んでくれるはずです。

送信すると秒速で返信が来るけど、内容がまったくない……。そんなメッセージを何十通も送り合うより、「濃いメッセージ」を1通送るほうが、相手の心に響くんです。

つまり「マメにしている」つもりでも、中身が空っぽのメッセージを大量にやり取りしているだけだったら、時間のムダ。それより、内容やタイミングを考えることに時間をかけて、相手に喜んでもらえるメッセージを1通送ったほうがいい。僕は、そう考えています。

「みんな」に向けた言葉は相手の気持ちを動かさない。メッセージは「その人だけ」に。

人気のあるホストほど、日常的にやりとりするお客様の人数が増えていきます。つながれる相手が増えるのは、僕たちにとってありがたいことです。でもLINEなどでメッセージを送る手間も、人数に比例して増えることになる。時間短縮のため、イベントのお知らせなど全員に同じことを伝えればよいようなものについては、コピー&ペーストして送信しているホストもいます。

でも僕は内容にかかわらず、複数のお客様に、コピペで同じメッセージを送ることはしません。文章は短くなっても、必ずひとりひとりに向けて入力したものを送ることにしています。

コピペした定型文を送っても喜ばれない

大学に入学してすぐ、僕はイベントサークルに入りました。そのサークルでは数カ月に一度、クラブを貸し切りにして大きなイベントを企画していたので、盛り上げるため&資金集めのためには、できるだけたくさんの参加者を集める必要がありました。サークルのメンバーにとって、事前の集客が大切な仕事になるわけです。

自分の友だちだけではとても人数が足りないので、渋谷でいろんな人に声をかけたり、当時流行《はや》っていた「mixi」「前略プロフィール」などのSNSを使ったり。イベントは、複数のサークルが合同で主催します。どのサークルが1番多く人を呼べたか？　なんて競争もあったので、みんなけっこう真剣にやっていました。

SNSでやりとりするとき、ほとんどのメンバーは必要事項をまとめた定型文をつくって、コピペで全員に同じものを送信していました。でも僕は、それでは人を呼べないと思いました。コピペしたものなんて、絶対に相手にばれる。そんなメッセージじゃ、ちゃんと読んでもらえない。

「みんな」に対して送ったメッセージからは、「誰でもいいから来て」という印象を

受けます。これだと、読んだ人が「自分が必要とされている」と思わない。**でも自分だけに向けたメッセージをもらえば、「私が行ってあげなくちゃ」という気になります。**

だから僕は、SNS上のつながりしかない人にも、ひとりひとりに向けて丁寧に文章をつくりました。直接声をかけた子には、「渋谷で会ったよね」などとひと言添えて。このひと言があるだけで、「自分だけに向けたメッセージ」であることが伝わると思ったからです。

コピペした長文を1通、送りっぱなしにするのは簡単。手間がかからないから、大勢に送ることができます。でも僕には、その人だけに向けたメッセージを送り、丁寧にアフターフォローをしたほうが「勝率」が高いはず、という確信があったんです。

確実に「呼ぶ」ためのふたつの工夫

連絡の仕方に加え、僕はちょっとした工夫をふたつしていました。ひとつ目が、友だちを誘ってもらうこと。人数を増やすためというより、友だちと約束してしまえば断りづらくなる。「やっぱり行かなくていいや」ということが減るはずです。

ふたつ目が、直接会った子には安い値段でチケットを買ってもらうこと。チケットはあげてもいいことになっていたのですが、あえて売る。少しでもお金を払うと、「行かないともったいない」なんて気になるんじゃないかな、と思ったからです。

イベント終了後、集客数を集計したら、100人以上いるスタッフの中で僕が1位でした。このときはまだホストのバイトを始めていなかったので、連絡のとり方も、その他の作戦も、自分でなんとなく思いついたもの。手間を惜しまないマメさと、人を集める「呼ぶ力」みたいなものは、僕にもともと備わっていたものなのかな……?

魅力がない人なんていない。自分のことを好きになれば、今よりもっと魅力的になれる。

僕は、雑誌『MEN'S KNUCKLE』のモデルもしています。モデルとして撮影するときは、服が主役。表情やポーズも、服のイメージや雑誌の狙いに合わせるのが基本です。

キメ顔が求められることも多いため、雑誌などの写真で僕を知って会いに来てくれるお客様からは、「写真とイメージが違う」と言われることがよくあります。「俺様キャラかと思ったら、むしろ天然」とも言われます。

インスタライブの配信を始めたときも、やっぱり写真とはだいぶ印象が違ったみたいです。インスタライブで笑って話している僕の姿を見て、「人柄がわかったから、会いに行ってみたいと思った」と来店してくれたお客様もいました。

とにかく、写真と実物の僕には、かなりのギャップがあるみたいです。写真ではとっつきにくそうに見える分、実際に会うと「やさしい雰囲気で話しやすい」って思ってもらえる。狙ってやっているわけではないけれど、ギャップがあることは魅力のひとつ。結果的によかったのかな、と思っています。

本当の魅力は、自分では意識していない部分に

ホストはある意味、自分を魅力的に見せるのが仕事。でも、ナンバー1ホストの僕でさえ、他人が自分のどこをいいと思ってくれるのか、よくわからない部分があります。

自分に自信がない、自分にはいいところなんてない。そんな風に言う人がいるけど、「自分のよさ」って、自分にはわからないものなんじゃないかな。だから、好かれようう、自分をよく見せよう、なんて頑張る必要はないと思う。**自分では気づかないけれど、他人には見えるいいところがある。そう思って、自分らしくしていればいい。**

自分では「ちょっとバカなんじゃないかな」と感じる部分を、ほかの人は「天然」

と受け止めて楽しんでくれる。実際の自分とキメ顔の自分のイメージが違う、というだけでその意外性を魅力だと感じてくれる。

他人にとっての魅力って、実は自分にはピンと来ていない部分にあるのかもしれない。むしろ自分が意識していないからこそ、その魅力が光るのかもしれないな、と思います。

他人ではなく、自分で自分を好きになる

人にはいいところもあれば、悪いところもある。もちろん僕にも、どう考えても魅力的とはいえない部分があります。

たとえば、手汗をかくこと。小学生の頃からかなり気にしていました。運動会でフォークダンスを踊るときなんて、好きな女の子と手をつなぐのが心配で。ビチョッとなって嫌がられたくないから、あえて手に触らないようにしていたら、相手の子が僕から嫌われていると思っちゃった……なんて悲しいこともありました。

ほかにも、手汗でテスト用紙が破けちゃったり、スマホもたまに反応しなかったり。でも今はもう、お客様にもカミングアウトして、ネタにしています。コンプレックス

も、考え方を変えればトークの材料になるわけです。

自分のここが嫌、ここがダメ、なんてダメ出しばかりするより、ありのままを認めればいい。他人に好かれるより大切なのは、自分で自分を好きになることだと思うから。

僕は今まで、「自分が好き」な気持ちがゆらいだことは一度もありません。そして、これからもずっと自分を好きでいられると思います。たとえ、手汗をかいたって！

「指名で呼ぶ」ことはゴールじゃない。1回や2回じゃ自分の指名とは言いたくない。

歌舞伎町で初めてナンバー1になったとき、コールを聞きながら「ああ、1番になったんだ」と実感しました。お客様も喜んでくれたし、僕も本当にうれしかった。でも達成感より、これからはもっと頑張らないと！　という気持ちのほうが強かったような気がします。

ナンバー1を一度とることは、誰にだってできます。難しいのは、ナンバー1であり続けること。そこにたどり着くより、継続することのほうが大変なんです。

お客様からの指名だって、同じこと。初回で来てくれた女の子と連絡をとり合って、やっと指名してもらえる。そこまでの頑張りももちろん必要だけど、本当に大切にしなきゃいけないのは、その後なんじゃないかと思います。

ここから本当の関係づくりが始まる

若手のホストを見ていると、「指名してもらう」ことが仕事のゴールになっている子が多いような気がします。来店してもらうまでは、めちゃめちゃ頑張るのに、指名で呼べた段階で満足しちゃうんです。

達成感を味わえちゃうから、その後は適当。呼ぶまでの頑張りがうそみたいに、連絡も減ったり態度もそっけなくなったり。一度指名で来店してくれたお客様は、放っておいてもまた来てくれる、と思ってしまうのかもしれません。

でもそれは、大きな勘違いです。指名してもらうことは、ゴールじゃなくてスタート。「自分のお客様」になったときから、その子との本当の関係づくりが始まるんです。

僕は、1回や2回来てくれたぐらいじゃ「自分の指名」って呼びたくありません。1、2回目はお客様にとっても、「このお店はどうかな」「担当はどんな人かな」って様子を見ている段階です。楽しめなかったり嫌な思いをしたりしたら、それっきり来なくなります。

お店や自分を気に入ってくれたんだな、と思っていいのは、3回目の来店から。だから後輩にも、「最低でも3回呼べ」と言っています。

お客様に来店してもらうためには、日頃からよい関係を保つことが大切です。だからホストの仕事は、24時間営業。お店の営業時間中だけ仕事をすればいい、というものじゃないんです。

むしろ営業時間外に何をするか、のほうが大事。このことを理解していないホストは、結果を出せません。

来てくれるのは「当たり前」じゃない

指名が増えてくると、ひとつのテーブルにつける時間が短くなります。僕の場合、せっかく来てくれたのに5分しか話せない、なんてことも珍しくありません。

それでもまた来てくれるのは、お店で会っている以外のときに連絡をとり合っているからです。普段からこまめにやりとりして、楽しい時間を共有している。だから、「また会いたいな」という気持ちになってくれるんだと思います。

ホストクラブに来れば、最低でも1時間で1、2万円はかかります。普通に食事に行くこととくらべると、この料金は高額です。それでも来てくれるのって、本当にありがたいことなんです。

そんな気持ちがあるから、僕はお客様に感謝を伝えることを大切にしています。**基本は「ありがとう」の言葉だけど、お店に来てくれた日は「特別感」をつけ加える**ことも心がけます。

女の子との普段のやりとりは、LINEの短いメッセージです。でも来店してくれた日は、長文のメールを送ったり電話をしたり。

お金をかけて飲みに行ったのに、「ありがとねー」なんて軽く流されたら、僕だったら悲しい。だから、いつもとはちょっと違う形で感謝の気持ちを伝えることにしています。

人から感謝されることって、うれしいもの。だから「ありがとう」の気持ちを丁寧に伝えれば、お客様も喜んでくれる。そして「また行きたいな」って気持ちになってくれると思います。

余裕と自信を持っていれば、言葉や行動のすべてが成功につながっていく。

自分のことは、今がすべて。今に集中して、できることを全部やりたい。でも他人が関わってくる場合は、少し先を見るようにしています。

たとえば、お客様がシャンパンを入れてくれたとき、頑張ればもう1本入れてくれるかな？　なんて場合も、焦らずに相手の様子を見る。気分よくもう1本入れてくれるな、と確信できる場合はプッシュするけど、そうでなければやめておきます。

僕がひと押しすれば、たぶんもう1本入れることができるけれど、それでお客様に嫌な思いをさせてしまったら意味がないからです。

大切なのは、「また来たい」と思ってもらうこと。そのためには目先のシャンパン

1本に惑わされないほうがいい。女の子に無理をさせず、楽しい気分で帰ってもらうことを優先したほうがいいんです。

余裕のなさは周囲にも伝わる

普段からこんな接客をしているからか、僕には長く通ってくれるお客様が多く、別のお店に行くようになって離れていった子が、また戻ってきてくれることもあります。そんなときは、「久々に戻ってきたね。やっぱり、俺がいいでしょ?」なんて出迎えます。「やっぱり俺」と思うのは、僕が余裕のある接客を心がけているし、そのやり方に自信もあるからです。

たとえば売上が伸びなくて余裕のない人は、目先のことで必死になってしまいます。頑張っている姿を見たり、自分が頼られたりすることで、応援したくなる女の子もいるかもしれません。でも、いつも無理をさせられてばかり……みたいな関係を長く続けるのは厳しい。結局、最後に戻りたくなるのは、余裕のある相手のところなんだと思います。

ホストの仕事は、毎日が勝負。もちろん僕にも、調子が悪い時期もあります。でも数字が落ちても、焦りは見せないようにしています。

余裕のなさは言葉や態度に現れます。そのせいでお客様が離れていき、さらに成績が下がる……なんて悪循環に陥ってしまうこともある。

反対に**数字が上がって気持ちに余裕があるときは、自然に人が寄ってくる。いつもと同じことをしているだけなのに、何をやってもいい結果につながっていくんです。**

つまり女の子にとっては、焦ってガツガツしている男より余裕を感じさせる男と一緒にいるほうが居心地がいい、ということ。だから、たとえ「フリ」でもいいから、余裕と自信を持っていようと思っています。

サッカーの試合でPKを任されたとき、結果を分けるのは自信です。自信がないと、「はずしたらどうしよう」などと焦ってしまう。でも自信がある人は、「あの角度に蹴れば決まる」という成功のイメージを持っている。その自信と心の余裕が、PKを成功させるんです。

仕事だって、同じ。自信がある人の言葉や行動には、余裕がある。その余裕がいい結果を呼び寄せ、成功を引き寄せていく。

そして、こんな風に**自分を支える自信と余裕を生み出すのは……結局「毎日努力してきたという事実」**なんじゃないかな。

第4章

「推される男」は こんなとき どうする?

頑張らなくちゃ、と思ってもやる気が出ないとき。
↓仕事のためになることをひとつだけ、毎日続けてみる。

2020年の「緊急事態宣言」が解除された直後、後輩に相談されました。「ずっと休みが続いてたせいで、営業が始まってもやる気が出なくなっちゃいました」って。週に6日出勤していたのに、お店は休業。外出もできないので、生活が大きく変わります。おまけに、お客様とLINEなどでやり取りすることはできるけど、「お店に来てくれた！」という達成感は得られない。こんな状況が続いたせいで、なんのために頑張っているのかわからなくなってしまったのかもしれません。

頑張れないときは、「やる気を出せ」なんて叱ってもあまり意味がない。それより、少しずつモチベーションを上げていく工夫をしたほうが効果的だと思います。

僕が後輩に勧めたのは、「仕事のためになることを何かひとつ、毎日続けてみる」ことです。**決めたことを続けるうちに、体も心も「仕事モード」のリズムを取り戻せるはず。**

そして、**仕事のために続けたことは必ず生きてくるので、どこかで結果につながる。**

そうすれば、自然にやる気だって出てきます。

たとえば僕は、お店の休業中、毎日インスタライブを配信していました（35ページ参照）。お客様とつながる場をつくりつつ、「仕事」を続けて生活リズムを保ちたかったからです。ライブ配信は初めてで、わからないことも多かったので、最初は「仕事だからやらなきゃ」という気持ちでした。

でも配信を続けるうちに、一緒に出演する人と話したり視聴者とつながったりする楽しさがわかってきて、モチベーションが上がっていった。おまけに営業再開後には、配信を見て僕に興味を持ったというお客様が来店してくれる、という収穫もありました。

だからまずは、何かひとつ。「これだけはやる！」ということを決めて続けてみる。最初は嫌々でも、積み重ねていくうちに「やる気」につながっていくと思います。

同期に差をつけられてしまって、ヘコむとき。
↓差がついているのは今だけ。
反省は必要、ヘコむ必要はなし。

「ホストの神」なんてキャッチフレーズをつけてもらっている僕だけど、最初から神だったわけじゃない。売れなくて悩んだこともあるし、もちろん同期に負けたこともあります。

当たり前だけど、負ければくやしい。特に「あいつにだけは負けたくない」なんて思っている相手に負けたときはヘコみたくもなります。

でも、落ち込んでても状況は変わらないし、病んでる時間はもったいない。こんなときに必要なのは、「反省して次に行くこと」じゃないかな。

「負け」には、理由があると思います。だからこそまず、自分はやるべきことをやっていたのか？　を考えてみる。

僕は大学生のとき、友だちに出席確認用の学生証を預けて「ついでにタッチしといて」と週に何度も頼んでいました。でも、自分の中でそれが当たり前みたいになっちゃった頃、その友だちに言われたんです。そろそろ自分のことは自分やりなよ、って。友だちが言ってくれたひと言で、自分の甘えに気がつきました。

毎日の仕事にも、慣れからくる甘えが出やすいんじゃないかと思う。本当は大事なこと、同期はきちんとやっていたことが、自分にとって「やらないのが当たり前」になっていたのかもしれない。まずはそこを見直してみるといいと思います。

そのうえで、あらためて頑張る。自分に足りない部分がわかったのなら、そこをレベルアップしていけばいいと思います。

このときに大切なのが、**「○○ができない自分はダメだ」なんて自分を責めないことです。**できないことがあるなら、できるようになるまでやればいい。努力はうそをつかないからです。

同期と差がついているのなんて、今だけ。「自分は精一杯やりきった！」と自信を持って言えるぐらい頑張れば、いつかはひっくり返すことだってできるかもしれません。

「好感度の高い人」になりたくてもなれないとき。
↓当たり前すぎるけど、
笑顔が大事です。

単純かもしれないけど、他人に好感を与える決め手は、やっぱり笑顔だと思います。かっこいいとか、かわいいとか、そういうことはまったく関係ない。**笑顔はその人を素敵に見せるし、周りの人をほっとさせる効果もある**と思います。

笑うのが苦手、っていう人もいるけど、立場を逆にして考えてみてほしい。たとえば、打ち合わせの相手が無表情だったり不機嫌そうに見えたりしたら？　「全然気になりませんけど？」なんて言える人は、少ないと思います。

つき合いの長い友だちでもなければ、「○○さんは笑うのが苦手な人」なんてことはわからない。目の前にいる人が笑顔を見せないと、「失礼なことを言っちゃったかな？」「もしかして、嫌われてるのかな？」なんて不安になってくるのが普通です。

特にビジネスの場では、そんな印象を与えて得することなんてひとつもない。少し無理をしてでも、微笑《ほほえ》んでいたほうがいいと思います。

どうしても笑うのが無理！　笑ってるつもりだけど笑顔に見えない！　なんて人は、リアクションでカバーする手もあります。ちょっと声のトーンを上げたり、反応をやや大げさにしたり……。

笑顔にプラスして、「相手のことを考えた発信」を心がけることも有効だと思います（124ページ参照）。たとえビジネスメールでも、定型文をコピペしたようなものは人の心に響かない。だから、もらってもうれしくない。

メールやメッセージの印象を分けるポイントは、**「その人に向けた言葉」が入っているか？**　ということです。

たとえば、「○○さんがおっしゃっていた件ですが～」のように相手の名前を入れてみる。「教えていただいたお店に行ってみました」など、相手との共通の話題に触れてみる。

こんなひと言があるだけで、その人とちゃんと向き合っていることが伝わるもの。自然に好感度も上がっていくと思います。

わからないことがあっても、人に聞けないとき。
↓人に何かを聞くことはつまり、「成長したい自分」を見せること。

僕は「自分が何かを知らないこと」を他人に知られても、恥ずかしいとは思いません。

知らないことや間違えていることがあるなら、正解を教えてもらえばいい。本当に恥ずかしいのは、知らないことを知らないままにしておくことなんじゃないかな、と思います。

僕は今でも、知らないことは「知らない」と言います。そして自分が答えを知りたいことについては、知っている人に聞く。

「Dew'l」で仕事を始めた頃、僕はあらゆることを社長に聞きまくっていました。それまでも数年、ホストの経験はあったけど、そのやり方じゃ何かが足りないんだ、とわかったからです。それまでの自分のやり方を全部捨てて、新人ホストになったつもりで日常の仕事の細かいことまで相談しました。でも、そのことをかっこ悪い、恥ずかしいなんて思ったことはなかった。それ以上に、「知りたい」「成長したい」という気持ちが強かったんです。

人に何かを聞くことは、「知らない自分」をさらけ出すことじゃない。「成長したい自分」を見せることなんだ、って見方を変えると、行動が変わっていくと思います。

それからもうひとつ、上の立場の人間にとって、質問されるのはうれしい、ってことも知っておいてほしい。自分から何かを聞いてくるのは、前向きに仕事に取り組んでいる証拠でもあるんだから。

後輩と話しているとき、たまに「わかったフリをしてるな」って感じることがあります。本人はうまくやっているつもりでも、知ったかぶりは絶対にバレています。「わからないと言う人」より、「知ったかぶりをする人」のほうが、ずっとかっこ悪いと思うけど……？

今の仕事が向いていないと感じるとき。→話を聞ける身近な人を探して、頑張り方を見直してみる。

52ページでも書いたけど、僕の周りにも「自分はホストに向いてない」と言って辞めていった人がたくさんいます。でも、本当にやりたい仕事なら、向いてる・向いてないって、そんなに簡単に決めていいものなのかな？

「いい結果を出せない＝自分には向いてない」という考え方は、ちょっともったいないような気がします。

どんな仕事だって、初めは全員がゼロからのスタートです。そこから「何を」「どのぐらい」頑張るかで差がついていく。結果を出している人は、その仕事に適性があったり、特別な能力があるからうまくいってるわけじゃない。毎日の頑張り方を見つけて、努力したから結果が出るんだと思います。

頑張っているけどうまく行かない、って感じてる人もいるかもしれないけど、「どのぐらい」頑張ってきたんだろう? 1カ月や2カ月で成果を出せる仕事なんて、ほとんどありません。最低でも1年ぐらいは続けてみなければ、頑張った結果はわからないはずです。

もちろん、必死で頑張ったけれど結果が出ない、ということもあると思います。**そんなときに必要なのは、「何を」頑張るのか、頑張り方を見直すこと。**そのためには、信頼できる身近な成功者に話を聞くことが近道です。

身近な人をよく見て、成功している人に素直に話を聞いて、「何をどう頑張るか」を考え直す。そしてまた1年、新しいやり方を試してみればいいんです。

仕事で結果を出せないのは、能力や適性不足のせいじゃない。努力が足りないか、頑張り方を間違えているか。そのどちらかであることがほとんどなんじゃないかと思います。「やっぱり向いてない」なんて、落ち込む必要はないんです。

「気が利く人」になれずに落ち込むとき。→まずは自分の仕事に慣れて、人間観察をする余裕を生み出す。

正直言って、僕は気が利くほうではないんだけど、結果的にあまりうまくできていないだけで、いつも「上には気をつかえ」を実践したいと思っています。気を利かせるために必要なのは、人間観察かな。相手が今何を考えているのか、何をしてほしいと思っているのか。それがわかれば、タイミングよく対処することができるはずだからです。

そして人の様子をよく見るために必要なのが、精神的な余裕。たとえば他人と話すのが苦手な人の場合、お客様とおしゃべりしながら相手の様子を観察する……なんてことをいきなりやろうとしても難しいと思います。たぶん、会話を続けることで頭がいっぱいになるか、相手の様子を見ることばかり考えて、肝心の会話がおろそかになってしまうかだろうし……。

余裕を生み出すためには、まず「やるべきことに慣れる」ことを目指せばいいと思います。たとえば気が利かないと自覚している僕だって、お客様とおしゃべりしながらお酒のグラスを替えたり、灰皿を交換したりしています。

なぜそんなことができるのか？　それは、「気を利かせているように見える行動」が、日常的な仕事として体にしみ込んでいるからです。

たとえば、グラスの中で氷がカランと鳴ったら、「飲み終わった」ということ。その音が聞こえると、グラスをかえるために体が勝手に動きます。いちいち「そろそろ飲み終わるかな」「次は何をするんだっけ？」などと考える必要もなくなっているんです。

気を利かせて特別なことをしようなどと欲張らず、まずは自分のルーティン仕事を完璧にする。もしかしたらそれが、結果的に「気が利く行動」につながるかもしれない。そうでなくても、**日常の仕事に体で反応できるようになれば、人間観察に頭を使う余裕が生まれる**と思います。

コミュニケーションがうまくとれないとき。↓必要なのは、技より慣れ。「ほめ合いトレーニング」がおすすめ。

僕がモデルをしている雑誌『MEN'S KNUCKLE』の撮影では、他店のホストと顔を合わせます。もちろん、初対面の人も多い。待ち時間には、それほど広くないメイクルームなどでほかの人と一緒に過ごしますが、最初はシーンとしていることがほとんどです。

お互いによく知らないので誰も話さず、全員が手元のスマホをいじってる。僕はこういった雰囲気があまり好きじゃないので、できるだけ自分から話しかけるようにしています。

人と話せるようになるためには、やっぱり場数を踏むしかないのかな。必要なのは、テクニックより慣れだと思います。

コミュニケーションをとることに苦手意識があるのなら、初対面の人と話す機会を増やしていけばいいんです。友だちの友だちとか、会社の別の部署にいる同僚とか、ちょっとしたつながりのある人と「おしゃべりの練習」をしてみる。回数を重ねるうちに、必要以上に緊張することもなくなってくると思います。

人と話すのが苦手な人って、「嫌われたくない」「失敗したくない」って心配する気持ちが強くて、そのせいで「変なことを言っちゃったらどうしよう」なんて、考えすぎてしまうのではないでしょうか。

考え方の癖を一気になくすのは無理かもしれないけど、**人って、それほど他人のことを悪く見ようとはしていない**と思います。だから、仮に相手の反応で気になることがあったとしても、いちいちネガティブに捉えなくてもいいのでは？

それでもマイナス思考が止まらないなら、「ほめ合いトレーニング」を。**信頼できる身近な人に「今から言うことを、お互い全部ほめ合おう！」**って頼んでおくんです。

何を言っても「お前のそういうところいいよね」「ほんと、その通りだと思うわ」「わかる～！」なんて反応してもらえば、気分がいいし自信もつくはずです。

反対されるのがこわくて、意見を言えないとき。
↓意見が合わないからといって、
自分を否定されたと思う必要はない。

反対されるのが大好き！　って人はまずいないだろうけど、反対意見はあるのが当たり前だと思います。人によって考え方は違うんだし、特に仕事に関しては、それぞれの役割や立場だってあるんだし。そもそも会議や打ち合わせって、いろいろな意見を出し合って、それを調整するために行うもののはずです。

反対されるのがこわいと思うのは、「反対される＝自分自身を否定された」と感じちゃうからじゃないかな。でもそんな風に受け止める必要はないと思うんです。

「Aがいいと思います」と言ったとき、上司に「いや、AよりBのほうがいい」と言われたとします。ちゃんと理解しておくべきなのは、上司は「Aがいい」という「提案」を否定しただけだということ。「Aがいいと言うなんて、デキないヤツだ」なんて、提案した人の人格を否定しているわけではないんです。

理屈ではわかっているけど、それでも「反対されるのがこわい」という思考パターンに陥ってしまうなら……。いっそのこと、相手に「好かれること」を目指してみればいいと思います。

「嫌われない」と「好かれる」は、似ているようで全然違う。嫌われないためなら欠点を隠していい人ぶっていればいいけれど、好かれるためには、自分らしさを出していくことが必要だからです。

嫌われることを恐れているから、どうしても「こんなことは言わないほうがいい」と守りに入ってしまうんです。でも好かれようと思えば、自分から攻めていく気持ちになれます。

意見が合わなかったら上司に嫌われるかも、と思うと、口に出すのをためらってしまうかもしれない。でも上司に好かれよう、認められよう、という気持ちからスタートすれば、「Aがいい」という意見に説得力を持たせるために頑張って準備をする、という方向に気持ちを持っていくこともできるようになると思います。

「印象が薄い自分」をなんとかしたいとき。→形から入ることで、内面まで変わっていける。

人より目立てばいい、個性が強いほどいい、というわけじゃないと思うけど、「なんとかしたい」と感じているなら、変わる努力が必要かもしれません。ホストもそうだけど、仕事上、印象が薄いことで損をしてしまうことって少なくないから。

本当の意味で「印象に残る人」は、自分に自信を持っていると思います。自信があるから、「自分らしさ」を自然に表現できる。その人の内面からにじみ出るものが、人の記憶にも残るんだと思います。

でも自信って、持とうと思ってすぐに持てるものじゃありません。だから、いきなり「自分らしさを表現できる人」に変身しようとするんじゃなくて、簡単にできることから始めてみればいいんじゃないでしょうか。

「Dew'l」の後輩に、良音(リオン)という子がいます。彼はルックスもいいし、性格もいい。それなのになぜか、人の印象に残りにくい。だから僕は、改名を勧めたんです。「名前の上に名字をつければ? "エヴァンゲ"って」。

続けて読むと、「エヴァンゲリオン」。こんな名前のホストを忘れる人なんて、まずいません。

僕がこんな名前を勧めたのは、内面を変えるより、外から見えることを変えるほうが手っ取り早いと思ったから。一般企業だと、さすがに改名は難しいかもしれないけど、髪型や服装、持ちものなどでイメチェンすることはできるはずです。

とにかく**なんでもいいから、「一度見たり聞いたりしたら忘れられない何か」を自分に加えてみればいい。**そしてまずは、「いつも真っ赤なネクタイをしてる人」「変わった髪型の人」みたいな形で覚えてもらう。そこから先は、自分らしさをじわじわ見せていけばいいんじゃないかな。

ちなみに、後輩は僕の提案を受け入れて「エヴァンゲりおん」に改名しました。インパクトのある名前にした頃から指名が増え、本人も自信をつけていき……。改名から1カ月半で、リーダーに昇格しています。

売りたいものが全然売れないとき。

↓売る側が主導権を握って、いい雰囲気をつくることが大切。

ものを売るために必要なのは、売る側が主導権を握ること。どんなに雑談で盛り上げても、買う側のペースに乗せられちゃったら、楽しいおしゃべりだけで終わっちゃいます。でも、**売る側が意識していい雰囲気をつくっていくことができれば、相手が「自分から買う」形で売ることができる**と思います。

お客様にシャンパンを勧めたりするとき、僕が意識しているのは、その場の流れを途切れさせないこと。たとえば、ずっと楽しい話をしてたのに、いきなり真顔で「今日、もうちょっと売上がほしくてさ……」なんて言われたら、雰囲気が台なし。結果的にシャンパンを入れてくれたとしても、女の子はあまりいい気分ではないはずです。

それよりは、盛り上がった雰囲気のまま勧めてみたほうがいいと思います。まずは、冗談っぽく言ってみる。そして、お客様の反応を見ます。メニューを渡して、居酒屋みたいに「今日のおすすめはこちらです!」とか。お財布に余裕がある子は、こんな感じのひと言で入れてくれることも珍しくありません。

もちろん、断る子もいます。でも僕が冗談っぽく言っているので、断っても「入れてあげられなくてごめんね」なんて深刻な感じにはならずに、お互いに笑って流すことができます。

最初から「行けそうだな」と思うときは、「じゃあ、今日は何本入れる?」って言うこともある。もちろん、楽しいノリで。入れるのを前提にしちゃうことで、女の子が迷う暇がなくなるわけです。

メニューを見ながら一緒に遊んでいるような感じで、あえてとんでもない値段のものを「これ行く?」なんて言ってみることも。当然、断られるので、「じゃあこれは?」って、少しずつランクを下げていく。

本当に入れる気がなさそうなときは、ほどほどで切り上げますが、どこかで「え～?」なんて迷い始めたら、そのまま続行。**迷ったり悩んだりするのは、「買う気があるサイン」**だからです。

後輩の指導法がわからないとき。
↓何から何まで教えるのではなく、本人に「考えさせる」ことが大切。

「Dew'l」の社長は、僕のどんなに小さな質問にも丁寧に答えてくれました。でも、僕が聞いていないことを先回りして教えようとはしなかった。今はそのことに、本当に感謝しています。

「やさしすぎる」と、弱点をズバリと教えてくれたけれど、そのために何をすればいいのか、考えるのは僕に任せてくれました。考えて、試して、失敗して、また考えて……。試行錯誤するのは大変だったけど、このとき「自分で考えたこと」は、間違いなく僕の力になっています。

社長にとっては、**具体的なやり方を教えたほうが楽だったはず。でも簡単に覚えた**

ことは簡単に忘れてしまうし、応用力も身につかない。それがわかっていたから、あえて考えさせてくれたんだと思います。

後輩から相談される立場になってからは、僕も社長のやり方を真似しています。

僕への相談で多いのが、ＬＩＮＥの書き方。「こんなメッセージが来たんですけど、どう返せばいいですか？」なんて相談されたとき、僕は「かわりに書いてあげること」はしません。必ず、まずは本人に書かせてからアドバイスするようにしています。

僕が書いちゃったほうが早いかもしれないけど、それだと「上手な返信の書き方」を学んだことにならない。「リョーマさんに頼むと書いてもらえる」なんて学んでしまうだけです。

仕事を覚えるためには、「自分で考える」ことが絶対に必要。基本や原則を教えたら、あとは自分でやらせてみる。手取り足取り指導するより、ずっと本人のためになると思います。

後輩のほめ方・叱り方がわからないとき。
↓ほめるときは「お前だから」。叱るときは行動だけをとりあげる。

僕が心がけているのは、**ほめるときは、「人」をほめること。そして注意するときは、「行動」を注意すること**です。

「Dew1」では毎月、売上や指名本数以外の面で仕事を評価するキャンペーンがあります。たとえば「1番元気があったで賞」をとった後輩には、「お前だからとれたんだよ」「お前の明るさはすごくいいから、これからもそれを武器にしていけばいいと思う」などと伝えるようにしています。

ほめ言葉は、必ず「お前だからできた」。そこにたどり着くまでの本人の努力を認めたいし、周りからこう言われることで、本人も自分の長所に気づけるからです。

「自分だからできたんだ」って感じることは、自信とモチベーションアップにつながると思います。

反対に、注意するときは個人名を入れません。「○○をするとお客様が不快な思いをするから、やめたほうがいいよ」のように、問題となる「行動」に関して注意を促すようにしています。**本人を否定しているわけではなくて、行動だけを問題にしているんだよ、と伝える**ための工夫です。

注意するときは、態度にも配慮が必要だと思います。僕はもともとそういうタイプではないけれど、人によっては部下や後輩に威圧感を与えてしまうこともあるからです。

「従わないと叱られる」みたいな雰囲気をつくることで、とりあえず部下や後輩を思い通りに動かすことはできるかもしれない。でも「叱られたくない」なんて恐怖感で引っ張っていくやり方には限界があります。

それよりは、「この人のために頑張りたい」と思われる上司や先輩になったほうがいい。ポジティブな気持ちで頑張ることは、何よりも本人を成長させてくれると思うからです。

おわりに

ホストって、厳しい仕事です。毎日、自分の成績とシビアに向き合わなくちゃいけないし、プライベートな時間もほとんどありません。ただし成績がすべてだからこそチャンスも多く、今日まではダメでも、明日、一発逆転する可能性だってあるわけです。

「チャンス」というのは、ただの「ツキ」じゃありません。努力していなければ、目の前のチャンスに気づくことさえできないんです。

だから、トップを目指すなら、サボらないこと！　今うまくいかないからといって、くさらないこと！

どんな状況でも必ず、「今の自分にできること」があります。それを探し出して、続けてみてほしいと思います。その積み重ねがあってこそ、巡ってきたチャンスを生かせるんじゃないでしょうか。

短期集中で頑張ることって、実はそれほど大変じゃありません。一方で、その努力を継続することは難しい。難しいけど……続けられなければ、結果にはつながらないと思います。

僕は「やるべきこと」を見つけ、それをコツコツ続けてきました。その結果、単なる学生バイトだった僕が、今では「ホストの神」なんて呼んでもらえるようになりました。

トップになることって気持ちいいけど、それはゴールじゃありません。目標を達成すると、そのとき初めて見えてくる景色があるんです。それを見ちゃうと、さらに頑張って上を目指したくなる。

僕はこれからも、もっともっと新しい景色を見たい。そしてひとりでも多くの人に、同じ気持ちよさを味わってほしい。この本には、そんな思いを込めたつもりです。

読んでくれて、ありがとう。

2021年2月　越前リョーマ

越前リョーマ　えちぜん りょーま

埼玉県出身、身長177cm。有名誌モデルのホストがそろう歌舞伎町屈指の最高級ホストクラブ「Dew'l(デュール)」プロデューサー。プレイヤーとして8年連続年間売上&指名本数ナンバー1の記録を誇る。「ホストの神」の異名を持ち、現在も記録を更新中。キャッチコピーは「愛に恋よ♡」。

成功《せいこう》したいなら誰《だれ》かの「推《お》し」になれ
自分《じぶん》の最高値《さいこうち》をたたき出《だ》すナンバー1《わん》ホスト思考《しこう》
2021年2月28日　初版第1刷発行

著　者　越前《えちぜん》リョーマ
発行者　田邉浩司
発行所　株式会社 光文社
〒112-8011 東京都文京区音羽1-16-6
電 話　編集部 03-5395-8172
書籍販売部 03-5395-8116
業務部 03-5395-8125
メール non@kobunsha.com
落丁本・乱丁本は業務部へご連絡くだされば、お取り替えいたします。

組　版　萩原印刷
印刷所　萩原印刷
製本所　ナショナル製本

ISBN978-4-334-95229-7